「中華民國」首屆總統

蔣介石的靈言

守護日本與亞洲和平的國家戰略

大川隆法
Ryuho Okawa

台灣幸福科學出版有限公司

「中華民國」首屆總統蔣介石的靈言　目錄

目錄
Contents

前言

這是「中華民國」首屆總統蔣介石的靈言，希望各位讀者能與最近出版的「毛澤東的靈言」（收錄於《霸主的心聲》第二部，幸福科學出版發行）對照閱讀。

在習近平、中國的眼中，自由的台灣，或許像是刺在喉嚨當中的魚刺吧！而從台灣的角度來看，中國對於香港雨傘革命的鎮壓、維吾爾族強制收容所的存在及迫害、對於基督教徒的鎮壓、於菲律賓和越南近海建立的海上基地、沖繩的反美和反東京的運動等等，台灣人會認為，那些不過是對於台灣的包圍殲滅戰之序曲。

不應僅憑國土和人口的大小而定正邪。以無神論和唯物論為基礎的國家是正確的嗎？其霸權主義是正確的嗎？我們能否讓未來發生一百八十度的轉變，以台灣和香港早已存在「自由、民主、信仰」的價值觀，拯救中國十四億人民？

本書應該會成為這種新思考的材料吧。

二〇一九年二月十六日

幸福科學集團創立者兼總裁　大川隆法

靈言現象

「靈言現象」是指另一個世界的靈魂存在，降下言語的現象。這是發生在高度開悟者身上的特有現象，並有別於「靈媒現象」（即人陷入恍惚狀態、失去了意識，靈魂單方面說話的現象）。當降下外國人靈魂的靈言時，發起靈言現象之人亦可從語言中樞選擇需要的語言，因而可用日語來講述。

然而，「靈言」終究只是靈人本身的意見，其內容有時會與幸福科學集團的見解相矛盾，特此注記。

「中華民國」首屆總統
蔣介石的靈言

——守護日本與亞洲和平的國家戰略

二〇一九年二月七日
收錄於幸福科學特別說法堂

蔣介石（一八八七～一九七五年）

中華民國軍人、政治家，第一屆總統。日本留學期間加入孫文等人的中國同盟會，在辛亥革命時歸國並參加革命。孫文過世後，擔任國民革命軍總司令，歷經北伐，一九二八年於南京就任國民政府主席。其後逐步強化反共政策，於西安事件中遭到逮捕，之後同意國共合作，投入抗日戰爭。戰後，在與中國共產黨的內戰中失敗，於一九四九年退據台灣。

提問者　※按提問順序

綾織次郎（幸福科學常務理事 兼綜合雜誌編集局長
兼《真自由》總編 兼ＨＳＵ講師）

及川幸久（幸福實現黨外務局長）

釋量子（幸福實現黨黨首）

【職務為收錄時的職稱】

1 持續探索調查中國建國的善惡

不調查蔣介石，就無法明白根本之處的善惡

大川隆法　（二〇一九年）二月十一日的建國紀念日之際，我將在名古屋正心館舉行「毛澤東的靈言」（收錄於《霸主的心聲》第二部）的講義，我感覺對於中國我們必須要多做一些準備。

《霸主的心聲》
（幸福科學出版發行）

我們出版了眾多知名人士的靈言，但蔣介石的靈言至今沒有出版過，我突然感覺到「得聽聽他的說法」。之所以會這麼認為，是因為若不明確出「該如何看待蔣介石」，其後的所有事情也都不知該如何看待。

關於現今的中國國家主席習近平和毛澤東※，我們闡述過自己的意見。此外，對於鄧小平和周恩來※，我們曾進行過調查，也曾經調查過孫文。台灣的李登輝先生，我們也曾進行過調查。

然而，我認為若不對蔣介石做一番調查，恐怕無法明白根本之處的善惡，也無法真正了解毛澤東。

今天的日本年輕人當中，我不太清楚有多少人知道「蔣介石」這個名字，搞不好連一半都不到，多數人可能會說「他是誰」。

在近代史，特別是亞洲近代史中，日本的形象難以言喻，有些問題非常複雜，很難做出「善惡的判斷」。

「戰後史觀」雖然是由戰勝國撰寫的史觀，然而戰勝國的史觀本身也出現了「內部分裂」。自由主義圈和共產主義圈在戰後開始冷戰，幾經較量，直到現在仍舊沒有平息，且戰勝國本身都出現了分裂的局面。關於「二戰究竟是正義之戰，還是非正義之戰」，仍無法得出一個確切的結論。

今天（二〇一九年二月七日）我們要嘗試接觸的蔣介石，不可思議的是，我尚未與他交談過（靈性上）。

※ 關於現今的中國國家主席習近平和毛澤東　參照《已成為世界皇帝為目標的男人－直逼習近平的本心－》、《中國和習近平是否有未來》（以上均為幸福實現黨出版發行）。《守護靈訪談 習近平 統治世界的劇本》、《習近平守護靈論鎮壓維吾爾》、《馬克思、毛澤東的靈性採訪》（以上均為幸福科學出版發行）。

※ 鄧小平和周恩來　參照《亞當・史密斯靈言「新國富論」－同時收錄鄧小平的靈言 改革開放的真相－》、《周恩來的靈言》、《孫文的靈性訊息》、《日本啊！要做個真正的國家！台灣前總統李登輝守護靈 靈性訊息》（均為幸福科學出版發行）。

蔣介石生於一八八七年，於一九七五年過世，享年八十七歲。毛澤東過世的時間是一九七六年，比蔣介石晚一年。

那個時候我還是學生。對於毛澤東過世的情況記得很清楚，但是當蔣介石過世時，印象就沒有這麼深刻了。我記得當時媒體好像沒有那麼大規模的報導，不像毛澤東過世時鋪天蓋地的播報。但也可能是我沒有記得很清楚，或許有些報社做了大篇幅的報導。

孫文繼承者的蔣介石有其弱點

大川隆法　蔣介石出生在中國浙江省，曾留學於日本，學過日語。畢業於日本陸軍士官學校的預備學校（東京振武學校）。我想他具備了日本相關的基礎知識，在想法上有非常日式的地方。

此外，李登輝先生也來過日本，進入京都大學農學部學習農業經濟學，此後又以身為日本帝國陸軍少尉，在名古屋迎來終戰。

蔣介石就是這樣一位略帶日式思維的人物，其內心應該有些地方很難摸清楚。

他在投身中國革命之後與孫文※相識，成為了孫文的後繼之人。他參加了一九一一年的「辛亥革命」※，一九一二年成立中華民國後，又參加了一九一三年的「第二革命」，但遭逢失敗，便與孫文等人一起流亡至日本。無論孫文或

※ 孫文（1866～1925年） 中國革命家、思想家。流亡於日本的同時，領導推翻清朝，1911年爆發辛亥革命後，成為了中華民國首屆臨時大總統。提倡民族主義、民權主義、民生主義構成的「三民主義」，直到臨死前仍繼續推動革命運動。參照《孫文的靈性訊息》。

※ 辛亥革命 1911年（辛亥年）爆發於中國的革命。該革命以孫文的三民主義為指導理念，推翻了專制政體的清朝，建立了中國史上第一個共和國中華民國。

蔣介石，都曾經逃亡日本一段時間。從這層意義上來說，日本曾做為中國革命的後盾。

隨後，蔣介石再度回到中國，在孫文過世後成為中國國民黨的領導人。最初，他跟中國共產黨的關係十分惡劣，在國共合作的時候斷然拒絕抗日。直到日軍侵占了中國大片國土，國民黨才與共產黨合作。

中國共產黨現今已變得勢力龐大，但在一九二一年剛成立之際，還真的是一個小小的政治團體，如同幸福實現黨一般。但這個團體，在成立二十八年後「建立了國家」，所以未來會變得怎樣，實在是很難說。雖然是其他政黨的例子，但我認為幸福實現黨對未來仍舊能抱持希望。

最初中國共產黨只是無關緊要的存在，然而在國共內戰的過程中逐漸壯大了起來。

孫文過世後，到了「蔣介石的時代」。我覺得他有些弱點，雖然有在領導國家，但因為沒有足夠的能力，以至於有些地方任由他人擺佈。

藉由與財閥的千金宋美齡的再婚鞏固地位

大川隆法　我想那是在他四十歲左右的事，他和「宋氏三姐妹」中的宋美齡※再婚，與財閥搭上了關係，也藉此鞏固了自己的地位。

宋美齡從幼年時期就在美國接受教育，她是從希拉蕊・柯林頓畢業的威爾斯利學院，以首席成績畢業的才

※ 宋美齡（1898左右～2003年）　蔣介石夫人。九歲的時候即留學美國，之後由於她的企業家父親支持孫文而與蔣介石結識。從1942年開始，她受到羅斯福總統邀請，在全美進行巡迴演講。藉由單方面地向人們訴說中國受到日本的迫害，引入對中華民國的援助，讓美國的對日輿論和政策產生了巨大影響。

女。蔣介石的英文不算太好，所以宋美齡兼任了他的翻譯工作。

此外，由於她以英語進行解說和演講，在美國各個城市呼籲人們「應該討伐日本」。因此，先前宛如在睡夢中的美國人，才彷彿突然湧上一股正義感，認為「必須把日本打倒」。

她畢業於美國的學校，當然很會講英語。我覺得「在那種時代能講英語」，起了非常大的作用。

蔣介石面對三十歲左右的宋美齡，簡直就像跟蹤狂一般黏著她，「無論如何，都請跟我結婚」在他如此的努力之下，蔣介石終於與宋美齡結婚。

她的姐姐宋慶齡是孫文的夫人，聽說在孫文過世後，蔣介石也曾經試圖接近過這位姐姐。

但姐姐十分清楚，「這不是純粹的愛情，而是為了要當孫文繼任者的政治婚姻」，於是予以拒絕。也就是說，蔣介石似乎曾經同時接近過兩姐妹，試圖「雙管齊下」。

妹妹的宋美齡，當時已與他人有婚約，蔣介石卻硬要將她搶到手。當時的蔣介石也有妻妾，為此還與她們以基督教的方式清理關係，最終跟宋美齡結婚。

宋美齡是基督徒，至於蔣介石，不清楚他只是形式上還是真的信奉，總之也算是基督徒。我推測蔣介石應該是為了跟宋美齡結婚才成為基督徒。他是想透過跟宋美齡的婚姻，進而鞏固自己的權力基礎。

從宋美齡的活動來看，我認為日本人當中，自陸奧宗光※以來，沒有人能在美國用英語侃侃而談，這應該算是日本人的

※ 陸奧宗光（1844～1897年） 日本明治時代的政治家、外交官。1888年時，擔任日本駐美全權公使，兼任墨西哥外交大使。

一個很大的弱點。

日本確實在這方面很弱。即使去留學，也都是一些不能完成學業、半途而廢的人。譬如，山本五十六，他一下子就從哈佛大學逃了出來。那點程度的語言能力，既無法說服別人，甚至連朋友都交不到，我想他的語言能力根本就不夠好。真希望日本人能擁有可以在美國以首席成績畢業的能力。

2 檢視被命運撥弄的台灣的原點

內戰中敗給毛澤東率領的中國共產黨，逃到台灣

大川隆法　其後在一九三一年，爆發滿洲事變，戰火燃及整個中國，而蔣介石即在一九三八年就任國民黨總裁。

蔣介石曾在日本的士官學校預備學校學習過，結果卻站在與日軍對戰的立場。

蔣介石和毛澤東（1945年於重慶會談）。

他擔任聯軍的中國戰區最高司令官，同時還是中國的陸海空軍的大元帥。

之後日本戰敗，事情就是從那個時候開始變得「棘手」起來。

「敵人的敵人就是友軍」，雖然國共合作中，蔣介石與共產黨聯手抗日，然而當日本全線潰敗後，當然也就開始起內訌。結果在二戰後，蔣介石率領的國民黨軍隊，立即遭到高舉著武力革命大旗的毛澤東共產黨軍攻擊。

原本在聯軍中，蔣介石是以中華民國總統的身份參加，卻在一九四九年遭到共產黨反擊而挫敗，進而帶領約二百萬人逃往台灣。事情自此變得棘手，「台灣問題」也日顯艱難。

台灣雖然曾經是日本的殖民地※，但是在戰後的台灣，土生土長的台灣人叫做「本省人」，從中國大陸湧入或逃來台灣的人叫做「外省人」。當時還有很多台灣人擁有日本國籍，李登輝先生也曾擔任過日軍少尉，在名古屋迎來終戰。

聯軍原本打算將中國交給蔣介石的國民黨政府，但那些逃離中國大陸來到台灣的外省人統治了台灣。其後，「土生土長的台灣人」和「持有舊日本國籍的人」遭到鎮壓，這就是台灣「扭曲」的開始。

在台灣「二二八」※是一個非常有名的紀念日。在李登輝先生的自傳DVD中，曾經有過這樣的描述：

「因為李登輝的存在，才度過了那個危機。」

蔣介石來到了台灣後，舉起「反攻」的大旗。總而言之，他最初宣佈要「要反攻大陸」，但最後始終無法實現。他承接著孫文的理念，宣揚民主主義，但我想他

※ 日本的殖民地　甲午戰爭之後的1895年，根據下關條約，台灣被清朝割讓給日本，到二戰日本戰敗的1945年之間，台灣一直處於日本的統治之下。

※ 二二八　1947年2月28日，台北市爆發了國民黨政府對本省人的鎮壓事件。之後，鎮壓範圍擴大至整個台灣。

決定放棄奪回大陸。

日本人可能不太清楚，有一位名叫蔣經國※的人物，是蔣介石的兒子。他也曾經長時間擔任中華民國的總統。

李登輝先生是本省人，也就是台灣本土之人，曾經持有日本國籍，但他卻獲得蔣經國提攜至副總統，其後更繼承了總統的職位。我想在那段期間，宋美齡和李登輝先生之間應該出現過激烈的競爭。

此時的台灣，正在命運的撥弄之下危機四起。台灣曾經實施了長達三十八年的戒嚴令。

蔣介石在八十七歲時過世，宋美齡則活到一百零三歲還是一百零五歲，非常長壽。雖然不行對女性稱呼為「怪物」，但我真的感覺到，她真是如同「怪物般的女性啊」。雖然確切的年齡不詳，根據她在美國的入學記錄等資料推測可得知，似乎她有一百零三歲的年紀。雖然不是很清楚詳細的資料，但在現代來說算是非常長壽。

基於上述原由，蔣介石是過去的人，一段時期我也算是跟他是同一時代，雖然我對他沒有多大的記憶，但我總覺得還是必須要聽聽他的想法。

法家商鞅的思想與民主主義下的法治主義不同

大川隆法　今天早上有一位叫做商鞅※的靈突然

※ 蔣經國（1910～1988年）　中華民國政治家，蔣介石和第一任妻子毛福梅的長子。1925年留學蘇聯，1937年歸國，歷任國民政府要職。1975年，繼父親之後成為國民黨主席。1978年就任第6任、1984年就任第7任中華民國總統。

※ 商鞅（西元前390～前338年）　中國戰國時代法家思想家。奉職於秦孝公，透過「變法」進行國政改革，為之後的秦始皇統一天下奠定基礎。但推動鎮壓改革的做法招致反感，在秦孝公死後，商鞅被處以車裂。

造訪，於是我稍微收錄了他的靈言。因為是突然收錄的靈言，所以沒有架設攝影機，只有錄下了聲音。

商鞅是距今大約二千四百年前的人物，若沒有研讀歷史的人，或許對他不太瞭解。他是實行了「變法」，是一種法家思想的先驅者般的人物。他是大秦帝國得以統一王朝而成立的「先行者」，奠定了秦朝的思想基礎。

也就是說，雖然是法律、刑法，但他的理念是「制定刑罰，施行嚴刑酷法，以此治國」，這也是秦帝國能夠建立統一王朝的原因之一。

商鞅雖然制定了刑法，但到最後，在庇護自己的人死亡、權力發生更迭後，他感到會有性命之虞，在騎馬逃亡他國之際遭到逮捕。根據自己制定的法律，謀反屬於死罪，最後遭到車裂大刑，死於非命。

之所以我提到商鞅，是因為現在的中國國家主席習近平非常尊敬商鞅，他似乎想要實行商鞅的法治主義。

就像這樣，習近平雖然也想推行法治主義，但在我們看來，真不知道那是否稱得上是「法治主義」。他們制定的法律是符合「君主」或統治者利益的法律，對違反者進行舉發，對反對言論或從國外歸來的人，帶來國外價值觀及發表意見的做法進行取締，並逮捕入獄或判處死刑。那看似像是為了服膺統治者的法治主義，和「民主主義下的法治主義」有所不同。

習近平不喜歡歐美的理念，所以想師法商鞅，並將其推崇為「二千四百年前在中國誕生的天才」。

商鞅的確有天才的一面，他創造了某些類似近代法治國家的思想。但是我跟商鞅之靈進行交談後，才發現原來他一直待在地獄，似乎變成了惡魔。

著手調查被認為「表裡不一」的蔣介石

大川隆法　商鞅之靈今天早上說的，其實是來勸我「下週在名古屋舉行的『毛澤東的靈言』講義，還是不要搞了」、「那種講演，說了也是無益，不如不要辦了！日本和中國的國家規模差太遠了。這是十四億人對一億多人的國家，而且中國是你們的最大貿易國，又有大批遊客來自中國。現在的日本，終於出現了復甦的跡象。若與中國為敵，批判中國，無疑會加速日本的沒落。中國是你們根本不可能戰勝的對手，你們還是老實地進行朝貢外交吧」，這是商鞅對我說的一番話。

此外他還說「若是抬舉了李登輝的台灣，或者說出什麼維護台灣的言論，將會導致日本的滅絕。日本將繼香港、台灣之後，被大中華帝國粉碎、吸收。

中國不是你批判的對象，快點取消那場講演」。

聽到了這些話，我感覺到還是需要得研究一下蔣介石比較好。對他的思想不是很了解，所以我希望對他進行一番調查。

在先前的靈言※中，我判定毛澤東是「地球最大等級的惡魔」，但是未曾降下和毛澤東對戰的蔣介石的靈言，所以不知他是處於何種狀態。李登輝先生從蔣經國那裡接手治理台灣，他的「父親」蔣介石又是個怎樣的人物呢？

說到蔣介石，有人認為他親日，有一種君子風範，並且有著「不冤冤相報，而是以德報怨」的氣度。也有人因為他戰後放棄對日本的賠償請求權，而對他讚揚。從日本的角度看來，有人認為他是一個「好人」。

※ 在先前的靈言中　參照《霸主的心聲》第二部「毛澤東的靈言」。

另一方面，也有人說「其實他並非如此，他很表裡不一。根據內部殘存的證據所示，此人完全不是那樣，他的想法恰好相反」，因而被認為「有雙重性」。對此，我多少還是明白的。

蔣介石曾經留學日本，是從日本士官學校的預備學校畢業的菁英人物。此外，身為一個台灣人，在日本戰敗後，他到底算是戰勝國國民，抑或是戰敗國國民，或許連他自己可能也弄不清楚狀況。我覺得他就像是那百老滙音樂劇的「變身怪醫」一樣，有著「雙重人格」吧。

只是從他獲取權力的方式等很多方面來看，多少還是有使用權謀術數的地方。至於跟毛澤東對戰中敗北的「弱點」，大致可以看出，他在管理能力和領導能力方面均有不足之處。

在這層意義上，坦白說我在直覺上不知應該如何看待此人。

不知道他會以何種方式出現，假如在跟各位（提問者）的交談中，他若能明確表達他的想法，那就再好不過了。但如果他露出老奸巨猾的一面，我們可就看不透了。若是無法確定他的真面目，也就只能「無法確定」，對他的評價只能暫時擱置。

今天早上商鞅的靈言，他沒有說到一句關於蔣介石的事，我感覺上他不太清楚。而且問他「你如何看待撰寫《孫子兵法》的孫子？」他回答「他寫的是兵法，我是法家，也就是法律。類別根本不同，我不知道孫子」，這表示他也有不清楚的地方。

探索亞洲的起火點台灣的原點——招喚蔣介石之靈

大川隆法　我說了比較多的前言。現在即使說到蔣介石，恐怕很多日本人不知道此人是誰。他曾與毛澤東同一時代共爭天下，曾經一時以中華民國而坐擁整個中國。大戰過後，在與毛澤東的內戰中戰敗，帶著中國人遷移到台灣，將那裡稱為「中華民國」，其與中國的紛爭，一直持續到現在。

現今，習近平希望拿回香港、台灣，若可能的話，最好用話語就能拿到手。他試圖以「一國兩制」來拿下這些地方，這就是他的目標所在。

李登輝先生已屆九十六歲的高齡，在他還在世的期間，或許台灣尚可存留。但一旦他過世之後，中國就有可能突然過來奪取台灣。我認為「亞洲問題的起火點」，或許是在台灣。從這層意義上來說，我認為探尋建國的起始點也很重要。

蔣介石生涯年表

一八八七年　生於清朝浙江省。
一九〇七年　留學日本，在陸軍士官學校的預備學校學習。
一九一一年　參加「辛亥革命」。
一九一二年　清朝瓦解後，建立中華民國。在孫文的指導下，成立國民黨。
一九一三年　在袁世凱的鎮壓下，和孫文一起流亡日本。第二年轉移至滿洲。
一九二四年　國民黨與共產黨的合作達成協議（第一次國共合作）。
一九二六年　在孫文過世後掌握實權，開始以剷除北京的軍閥政府為目標的

一九二七年　在上海軍事政變中鎮壓中國共產黨，國共合作決裂。「北伐」。與宋美齡結婚。

一九二八年　占領北京。就任中華民國（國民政府）主席，舉起「反共抗日」大旗。

一九三一年　以柳條湖事件為契機，爆發與日軍（關東軍）的武力對抗（滿洲事變）。

一九三二年　建立滿洲國。

一九三三年　與日本簽訂停戰協定（塘沽停戰協定）。

一九三六年　在西安事變中被張學良軟禁，被迫修訂反共政策。

一九三七年　七月，以盧溝橋事件為契機的中日戰爭開始後，同意第二次國共合作。

十二月，從南京敗退至四川，日軍占領南京。

一九四一年　太平洋戰爭爆發，中華民國加入聯軍陣營。

一九四五年　八月，戰爭結束。

十月，中華民國成為聯合國常任理事國。此外，以建立民主政權為目標，與共產黨簽訂雙十協定。

一九四六年　與共產黨分道揚鑣，開始「國共內戰」。

一九四七年　國民黨政府以武力鎮壓在台灣爆發的反政府示威活動（二二八事件）。針對反體制派的鎮壓時間一直延續到一九八七年，眾多國民因此入獄、判刑。

一九四九年　十月，毛澤東建立中華人民共和國。

十二月，在「國共內戰」中失敗，遷移至台灣。

一九五〇年　就任中華民國（台灣）總統。

一九七一年　聯合國常任理事國變更成中華人民共和國，中華民國則是脫離聯合國。

一九七五年　離世。

以上即是前言，接下來我們將進入靈言的部分。

現在，我就要招喚中華民國前總統蔣介石先生之靈，希望您能在幸福科學當中闡述您的話語。

蔣介石總統啊！請您降臨幸福科學，闡述您想講述的話語。這是我們第一次邀請您來。

蔣介石啊！蔣介石先生，蔣介石先生，請您務必降臨幸福科學，為我們講述您的想法。

蔣介石先生。

（約沉默十秒鐘）

3 蔣介石如何看待第二次世界大戰以及戰後？

「我討厭毛澤東，當初應該一鼓作氣趕盡殺絕」

蔣介石　嗯……。嗯——，嗯……。

綾　織　您好。

蔣介石　這是第一次吧！

綾　織　這是第一次跟您見面。

蔣介石　嗯，這是第一次啊！

綾　織　今天非常感謝您能來到這裡。

蔣介石　嗯，剛才的介紹有點奇怪啊！

綾　織　是嗎？那是非常客觀的……。

蔣介石　那段介紹讓人很難明白。我覺得可以介紹得再簡潔、直白一點。

綾　織　原來如此。

蔣介石　若是你們討厭毛澤東的話，就請直接說「討厭」。自己的立場必須得明確表明，不是嗎？

（指著提問者的幸福實現黨黨首釋量子）黨首心裡正說著「如果不說得簡潔直白，是很難人明白的」、「說得太複雜了，得簡明扼要一點才行」。

綾　織　對此，還請您務必簡明扼要地對我們說明。

蔣介石　黨首剛才心裡想著，「那種太複雜的內容，根本無法在街頭宣傳」。

綾　織　是，您討厭毛澤東是吧？

蔣介石　那是當然的啊！

綾　織　我想也是。

蔣介石　像那樣的人，絕對是討厭的啊！我恨不得把五寸釘打進他的身體。

綾　織　原來如此。

蔣介石　他真的令人厭惡。

綾　織　嗯，如果說他是「永遠的對手」，不知是否適合，面對這個「因緣際會的對手」……。

蔣介石　不，原本就不應該是「對手」。那種人真的應該要趕盡殺絕才行。

「戰後的扭曲」皆是起因於第二次世界大戰？

蔣介石 敗給那種「黑暗思想」、「暴力思想」，實在是太遺憾了。

我們是屬於和平、民主的民主主義思想，敗給了那種暴力思想，真的是深感遺憾。

綾織 毛澤東堅定地主張共產主義思想，想必您也很明白那是一個問題。

蔣介石 那是當然了。不過我曾經在日軍中待過，立場有些「棘手」。中國雖被認為是「戰勝國」，但是我總到感到有點不自在。

※ 日本、德國、義大利　1940年，日本、德國、義大利之間結成的軍事同盟（日德義三國同盟）。為了對抗已經蔓延至全世界的共產主義運動，從1936年到1937年，由日本、德國、義大利三國結成的反共、反蘇協定（日德義防共協定）發展而來。

當時日本參加的「反共同盟」，也就是那三個國家「日本、德國、義大利」※……。

綾織　是。

蔣介石　當然，我知道他們也曾經做過壞事。像是侵略、虐殺猶太人之類的事情，那些做法確實不好。不過「反共同盟」的目的，我覺得應該是沒錯的。

錯的是戰勝國，雖然戰勝了，戰後卻進入了「東西冷戰」的局面，「與蘇聯之間的冷戰」一直持續了很長的時間啊！在那之後竟延續了幾十年，難道那沒有錯嗎？

在冷戰的過程中，美國又發動越南戰爭，一直打了二十年。從一九五五年到一九七五年左右，一直持續了二十年。期間中共軍隊潛入其中參戰，美國因而打了敗戰，當時中共的軍力的確強大。

此外，美國與蘇聯之間的冷戰，美國必須拉攏中國，進而恢復了邦交。真沒想過事情會演變成那般模樣，真沒想過「自由主義冠軍的美國會與共產黨合作」的情形！

所以說，「戰後出現扭曲」的傢伙們，其實全部都在二戰中就有問題了啊。

「扭曲」的原因之一就是蔣介石，對此您怎麼看

綾織　對此，我忍不住想要說，您在那個「扭曲」當中應該也承擔了一部分的責任吧？

蔣介石　不，我其實很弱的？早知會變成那樣，那我就把毛澤東的頭給一劈兩半，事情就能解決了。

綾　織　是，如果說「反共」的話，日本一直都是反共的立場。

蔣介石　反共啊！是啊！

綾　織　是，您對於當時的日本……。

蔣介石　哎呀，所以說，我是為日軍而戰的（苦笑）。但狀況卻出現了逆轉，我必須將日軍當成敵人而戰。那種複雜的關係還真是一言難盡。

綾　織　是，那也真是讓人不知難以是好。

蔣介石　無論孫文還是我，都在日本生活過一段時間。就某種意義上而言，日本算是我們的「第二個祖國」，真的難以面對。那感覺就像是吃飯時，嘴巴上叼著一根牙籤在進食。

綾　織　簡單來說，您覺得「反共」……。

蔣介石　（指著釋量子）從剛剛到現在，黨首心裡一直嚷著「不說得明白一點，我很難理解啊！」你跟我這樣的議論，會讓旁人完全搞不清楚，就算以後發行成冊，也讓人無法明白。

釋　（苦笑）

綾　織　還請您務必說得淺顯易懂一些。

蔣介石　要我說得淺顯易懂一點？

綾　織　如果是「反共」的話，當時不是應該和日本聯手，對抗毛澤東嗎？

蔣介石　但當時我們已經是戰勝國了，我是「戰勝國的中華民國總統」啊！

綾　織　不，我是指在那之前的時期。

蔣介石　做為戰勝國，其實明明可以擔任聯合國的常任理事國※，狀況可真是難搞啊！

「第二次國共合作」是一個正確選擇嗎？

綾織　我想有很多時機都能成為轉捩點。

蔣介石　嗯。

綾織　譬如「第二次國共合作」時，發生了「西安事變」等等。雖然有些事您也是身不由己，但我想當時應該也曾出現過，不須和毛澤東那麼密切合作與日本拚戰的時機。

批准聯合國憲章的蔣介石（1945年8月24日）。

蔣介石

但是我當時沒有足夠的力量去抑制國家啊！那個時候到處都是軍閥割據的局面，真的是難以處理。「統治中國大陸」，可不是一件容易的事。

當時必須得隨時觀察情勢。是我自己太輕敵了，沒想到毛澤東那幫人會發展到那種地步，戰後他們居然就那樣一口氣打過來，真讓我料想不到。

綾織

說起來，日本在戰爭時也是希望能平定內戰，建立一個安定的中國，進而派遣軍隊，試圖來維持治安。

※ 常任理事國　第二次世界大戰之後，設立聯合國安全保障理事會中的常任理事國，由美國、英國、法國、蘇聯和中國構成。最初「中國」的代表權在「中華民國」（蔣介石的國民黨政權），然而在1971年，根據阿爾巴尼亞決議，常任理事國變更為中華人民共和國。中華民國對此提出抗議，憤而退出聯合國。

蔣介石

對此，局勢卻演變成「與日本對戰」，內戰的狀況變得更為激烈。您當時做的決定，實在是犯了一個很大的錯誤。

那實在是很棘手啊！雖然現今的共產黨政府，也就是北京政府聲稱「台灣是中國的」，但當時前往台灣的中國人，其實都是清朝時候的滿洲人，而後來漢族趕走了滿洲族。

之後，滿洲族逃回滿洲國，日本再將其變成保護國加以保護。照這樣說來，倒也有正當性。所以無論是日本統治滿洲國或統治台灣，不能說完全沒有正當性。

然而，現今的北京政府對於滿洲和台灣，說起來就好像是自己的國家。他們那種說法，不過是想逞口舌之快，其實那裡不是他們的地方。那些地方實在是太小了。

蔣介石與日本為敵的真正原因

及川 我們說的不是現在，而是希望回顧一下過往的事情。

蔣介石 啊啊，不好意思。

及川 直到現在，人們仍舊不明白「為何當時中國會與日本為敵」。

蔣介石 我自己也不明白啊！

及川 原因會不會是出自於日本建立了滿洲國？

蔣介石 不知道。不過假如日本戰勝了，滿洲人就扮成日本人的模樣就好了。但日本戰敗了，若是他們早知道日本會戰敗的話……。

及川 「如果逃走的話，日本就會在第二次世界大戰中失敗」是這樣嗎？

蔣介石 嗯。當時大局已定。德國戰敗了，義大利也戰敗了，我就知道「日本應該也會失敗」，而且當時的空襲也變得十分猛烈。

及　川　我是說之前的一九三〇年代左右，日本戰敗以前的事。

蔣介石　啊啊，原來如此。

及　川　事情怎麼演變成中國跟日本對戰了呢？

蔣介石　嗯……。

及　川　日本當時建立了滿洲國，是吧？

蔣介石　嗯。嗯、嗯。

及　川　關於滿洲國的統治，從中國的立場來看，在某種意義上是落到異族的賊寇手裡。那種情形讓您感到很不愉快吧？

蔣介石　嗯……。這個嘛，那的確也是。當時共產黨也是到處把人判死刑、搞肅清，當時的內戰已經……。

中國原本就一直有「統一國家的理想」，但中國國內卻一直存在著「異族之間的戰爭」，國家一直處於戰爭不斷，互相殘殺的情況，當時的價值觀並不十分明確。

總之，若是當時我能成功建立一個「統一王朝」，或者基於孫文的思想，建立一個有民主主義、議會制度的國家，中國就有可能成為一個「美好的國家」。

所以說，我當時的力量不足，無法順利實現啊！嗯……。

在靈界有跟孫文見面嗎？

釋　您的基本思想即是孫文先生的「三民主義」※。現在您與孫文先生，也會在靈界裡見面嗎？

蔣介石　嗯。

釋　原來如此。

綾織　果真是如此啊！兩位見面時都聊些什麼呢？

蔣介石　嗯，就是會提到「當時我有哪些不足之處」之類的話題。在毛澤東之後，中國居然發展到這麼龐大，又打著霸權主義和帝國主義，那種想要奪取鄰近的亞洲各國的企圖心，已昭然若揭。「與其變成現在這種國家，當初明明就可以建立一個更自由和民主主義的國家，到底我們為什麼沒有獲勝啊」，我們都是在談論這些話題。

綾織　由於孫文先生較早過世，所以他是從天上界來指摘出「哪裡出了問題」嗎？

蔣介石　日本國力弱小也是問題之一。

但是就中國來說，只有滿洲國獨立，勉強還可以容忍，但若是要將整個中國都變成日本的殖民地，那就有點……。當時在那種情況下，反抗運動當然會從民眾內部中爆發。

所以，若非是承接了民意的民主主義的國家，否則是不會是允許那樣的事情發生。也因此，只要是中國人，就會出現與日本對立的一面，那也是沒辦法的事。

但我也沒想到，後來我會被一路追趕到台灣。

※ 三民主義　被尊為中國革命之父的革命家孫文（1866～1925年）所提倡的思想。由民族主義（從帝國主義取得獨立）、民權主義（實現民主制）和民生主義（生活安定）構成。

「日中戰爭」以及台灣的「造神運動」

綾織　這也是戰爭時期的話題，日本和中國之間的各種陰錯陽差，一九三七年爆發了「日中戰爭」。當時發生了盧溝橋事件，也就是被稱之為中日戰爭、「支那事變」，情勢演變成那種局面。在那種局勢之下，日本也聲明「我們不理會蔣介石」……。

蔣介石　嗯，沒錯。

綾織　正因為日本發出了「不理會蔣介石政府」※的聲明，結果才導致戰爭無止盡地延續下去。有人流傳，其原因是「有蘇聯間諜的介入」，在那段期間，是否真的有蘇聯、美國或英國等，歐美及蘇聯的人員存在……。

蔣介石　對，有來自歐美的各種間諜。

綾　織　果然有間諜介入其中。

蔣介石　當時的中國，大量湧入類似「參謀」身份的人士，建立了「汪兆銘政權」※。我想現在的年輕人，應該也不知道那是什麼吧！

綾　織　當時汪兆銘跟日本聯手了。

蔣介石　日本建立了那樣一個傀儡政權，把事情搞得難以收拾。所以當時我必須想盡辦法完成統一，只是苦於沒有「必須統一的理念」。

※ 不理會蔣介石政府　第一次近衛文麿內閣的對華政策聲明。為避免1937年開始的中日戰爭陷入持久戰，而推行了和平工作。但因蔣介石對此並未正面回應，1938年1月日本發表聲明，終止與中華民國的交涉，聲明表示「不理會國民政府」。

※ 汪兆銘（1883～1944年）　中國政治家。1904年留學日本法政大學，加入孫文領導的中國革命同盟。國民黨成立後，擔任黨的幹部。在日後的日中戰爭，主張日中聯合、親日反共。1940年，與日本聯手成立南京政府，成為主席。

因此，我去了台灣，將中華民國政府遷移至台灣，成為總統。雖然說有「造神運動」，但若不透過造神運動實現神格化，否則就無法讓國家統一了。

很快地，毛澤東也展開了造神運動。他們那邊也開始進行「毛澤東神格化運動」。當時，雙方都展開了「現人神運動」。

由於共產主義是無神論的，所以把活人打造成神明比較容易。但是我身為基督徒，心裡多少還是感到痛苦。在這方面，我想有很多人對我當時的想法，有著各種各樣的意見。

娶宋美齡為妻的意圖何在？

釋　您對於基督教的信仰，應該是受到夫人的影響吧？

蔣介石　是，沒錯。

釋　您本人的信仰心，是很堅定的嗎？

蔣介石　嗯，這個嘛，多少還是有一點。畢竟如果我沒有基督信仰，她就不會跟我結婚啊！當時我就把前妻、妾啦全都給「肅清」……。（一邊搖頭）不是、不是，那個叫什麼來著？我是說如果在法律上不處理清楚，實現基督教徒的一夫一妻制的話，她是不會答應嫁給我的，所以……。

綾織　夫人宋美齡女士的思想，對您也產生影響了嗎？有一種說法認為「宋美齡女士非常傾向於抗日戰爭」，難道您是在那種影響之下……。

蔣介石　她是有一些美式想法。

綾　織　是。

蔣介石　她是以美國的思維方式行事，其實她在相當程度上影響了美國對中國的想法。

她向美國人講述嚴峻的局勢，在美國宣傳「日本做了何等殘酷之事」。當時的美國人已無從分辨，只覺得「日本人真是壞傢伙」，於是加強了對日的攻擊。

從這層意義上來說，她還挺有僅憑一張嘴遊說的「古代外交官」風範。

及　川　這樣說來，是宋美齡女士憑藉著自己的判斷，進而推動著那般局勢演

蔣介石　變，蔣介石總統沒有利用夫人嗎？

結婚算是利用了她。結婚之前，我可是不惜把「前人」全都清算，才結婚的。

及　川　那是因為您想跟財閥拉上關係嗎？

蔣介石　孫文的夫人（宋美齡的姐姐宋慶齡）其實也是可以的，不過她卻逃走了，我只能追宋美齡。

總而言之，像我這樣出身不怎麼好的人，還是必須靠後天努力加分才行。

及　川　「將美國變成友軍」，這應該是您自己的想法吧？

宋美齡在廣播上發聲，對美國的支援表示感謝（1945年）。

蔣介石　這個嘛，我也有那種想法。只不過若是說到這些，我就會被貼上觀望的標籤，顯得優柔寡斷……。我實在很討厭被人那樣懷疑，被說成是老奸巨猾的狐狸。

發動亞洲民主革命的關鍵者是日本

及　川　我想換一個觀點，想請教您剛才提及的基督教。因為日本是戰敗國，其實戰後國家應該會分裂，但日本的基督徒相信，是因為蔣介石總統護著日本，才讓身在海外的日本人得以順利回國。

蔣介石　嗯、嗯、嗯。

及　川　對此您是如何認為的呢？

蔣介石　哈哈哈（笑），的確有人會那般看待。

我已經在歷史的激流中被蹂躪得一塌糊塗了，我也沒有像外界所說的，曾為了創造「永恆的哲學」而努力啊！

綾　織　若是從事後回想，假如您是依孫文先生的「三民主義」而行，應該您多少會認為「無論在何時被人奪取性命，也一定要貫徹到底」。在各種激流中，眾多的「無奈選擇」之下，最後國家落入他人之手，我感覺您的人生就是這樣的一個歷程。

蔣介石　假如是實行孫文的「三民主義」的中華民國統一大陸的話，或許日本就會給予最大程度的支援。日本不也是推動了印度的獨立嗎？日本曾藏匿過印度的革命志士。

所以從某種意義上來說，亞洲民主革命的幕後推手其實是「日本」啊！如果沒有日本這個幕後贊助者，就辦不成啊！

現今共產黨的那些傢伙們，自以為共產主義就是民主，但這個理念是否正確，就是別的問題了。

所以說啊，真是沒辦法，這部分是世界史上的難題。

綾織　只不過，您在那裡的世界中，沒有被孫文先生斥責嗎？他沒有說過「喂喂，不是那麼一回事吧？事情不應該往那個方向演變吧」嗎？

蔣介石　嗯……。說到「被斥責」，其實孫文先生也沒有「斥責」我的資格。因為他也沒有那麼認真，他自己應該也是「臨陣磨槍」的吧！當時強大的是軍閥，還有許多強而有力之人，對於那些人得採取懷柔政策才行得通。

「美國和宋美齡」究竟是什麼關係？

釋 也就是說，您當時無法掌控局勢……。

譬如，宋美齡女士巡迴全美進行抗日演說，有專家指出「宋美齡是以身為羅斯福總統的間諜在活動」。關於這點，您又是如何看待的呢？

蔣介石 （嘖舌）這個嘛，我覺得還談不上是間諜。她從小就是接受美國教育，有些地方就是美國人的思維。她是基督徒，所以她覺得「自己身為基督徒，應該要有基督徒的思維」。基督徒善惡分明，如果不將神與撒旦涇渭分明地區分清楚，他們會感到不對勁，所以必須在善惡之間劃出明確的界線。

因此，美國與之交戰的對手必須是撒旦的形象。既然是撒旦，形象就得越壞越好。那些「半吊子的撒旦」反而令人煩惱。因為善惡都具備的撒旦，反而讓人難以對抗。如果是撒旦，就必須是「徹頭徹尾的撒旦」才行。

我想在日本的基督徒們曾被關進監獄，因為如此，所以日本曾被認為是「鎮壓基督徒的國家」。「鎮壓基督徒的日本，不算是一個民主主義國家」，美國人就是這般想法。

及川　美國或許有那種基督教的善惡觀，但反過來說，美國的全球主義階層，是否為了商業利益而對宋美齡和蔣介石總統加以利用呢？

蔣介石　這個嘛，我想也是有的。

當時，日本和美國曾激烈爭奪滿洲一帶的利益，但美國沒有拿到充分的利益。美國遠遠落在歐洲之後，美國幾乎沒有拿到任何資源……。不過夏威夷、菲律賓這些地方他們倒是拿到手了。應該說他們沒有拿到值錢的地方吧！夏威夷有的只是觀光資源而已（笑），菲律賓也沒有多大的價值。

所以，實際上老實說「美國是想奪取中國」，這才是美國的真心話，可是卻被日本搶先，這讓美國相當懊悔。「我們一定要把日本打得落花流水」，這就是美國的真心話。

不過，正因為他們裝腔作勢要扮演「正義的英雄」，所以才沒能實現「打垮日本，全部歸於囊中」的計謀，這就是他們的矛盾所在。

實際上，他們是希望大戰一場之後，自己全盤接收。

4 蔣介石揭露南京大屠殺的實態

「我沒見過日軍實行大屠殺」

釋　對於「南京大屠殺」這件事，算是政治宣傳，日本被逼迫著要相信有發生過這件事。

蔣介石　明明你們反駁就好了，為何不反駁呢？

釋　那麼，我們可以認為「南京大屠殺不存在」嗎？

蔣介石　嗯？

綾織　我覺得您當時應該有收到相關的報告。您在逃離南京之後，應該有聽到報告「實際上發生了何種戰役，發生了什麼事」，當時的實際情況是如何呢？

蔣介石　因為是戰爭，所以肯定會有戰鬥，那也是沒辦法的。有人把它稱為屠殺，但當時那裡也有我們的軍人，打了敗仗，一定會選擇逃走啊！所謂的「南京大屠殺」，就是虛報增加了南京的人口數啊（笑）！

若是相信真的發生了「南京大屠殺」，在攻擊日本上就比較名正言順。日本是一個很不善於政治宣傳的國家，變成跟現今北韓一樣，被世界孤立。

綾織　當時曾出現了一部分的戰鬥行為，之後中國的軍人脫掉了軍服，扮成平民轉入遊擊隊狀態的軍隊……。

蔣介石　你是說便衣兵吧。嗯嗯。

綾　織　是，有很多便衣兵，您知道當時是那般狀況嗎？

蔣介石　哈（笑）。那真的是多說無益啊！因為根本不可能有那種事啊！

綾　織　「根本不可能有」？

蔣介石　我從沒看過日軍實行大屠殺。

綾　織　「沒有看過」？

蔣介石　嗯嗯。

（左）國民黨軍隊戰敗撤退後，日軍進入南京城。最前方馬匹上的人物即是松井石根大將。
（右）歡迎日軍入城的難民們（1937年12月17日）。

「帝國陸軍的將校們如神一般偉大」

釋　（進攻南京的軍隊司令官）松井石根大將在戰後成為乙級戰犯，處以死刑。曾經有一個傳說，說蔣介石先生曾經在他被處死之前流下過悔悟、後悔的淚水。您是覺得他「很可憐」嗎？

蔣介石　我也曾經當過日本軍人，實在是有點難以啟齒，不過日軍確實是很了不起。頭腦聰明是不在話下，體力方面也是雄壯體魄，每一位都可以去參加全國體育大會了，全部都是這樣威武不凡的人。在我們看來，日本軍人可怕到令人渾身發抖，的確是威武不凡。但如果日本軍人都是「威武不凡」的人物，對於試圖殲滅日本的歐美人士而言，想必是很難圓場，所以必須要將日本人貶為「黃猴子」才行。絕對不能讓外界感覺到日本人很了不起，必須把他們給塑造成十惡不赦、卑鄙無恥的人才行。然而，事實上他們並非是那樣。

中國國民黨軍隊逃到台灣之後，就把統治台灣的日軍趕走，於是台灣出現了一句話「狗去豬來」。當時中國人的紀律，真的是貪污、暴力、殺人、侵占、賄賂，如此腐敗體制已經深入骨髓。

日本統治下的台灣，水準非常高，治安良好。用現在的經濟指標來衡量的話，當時台灣的水準，可以媲美當時的東京市。然而，與此相比，從中國大陸逃到台灣的人們就有點……，不過我也在其中（笑）。真的就像是「豬來了」，充滿著貪欲，搜刮搶掠……，這種說法對豬很失禮。「日本雖然是狗，至少可以看管家園，而豬

（中國）就只有貪欲」，當時台灣出現了這般說法。

如同以上所說，從台灣人的立場來看，從中國大陸過來的人是卑鄙、下流之徒。與其相比，日本帝國陸軍的將校們，簡直就像是神一樣的偉大之人。

5 一九四七年「二二八事件」的深層

蔣介石是「二二八事件」的始作俑者嗎？

及　川　這麼聽起來，蔣介石總統對於日本有著情義，我想應該不是「反日」的人。

蔣介石　嗯。

及　川　然而，戰後的台灣爆發了「二二八事件」。

蔣介石　啊啊，嗯嗯嗯嗯嗯。

及　川　那是一場大規模的虐殺，其後國民黨推行的「反日政策」，您跟那些有關係嗎？

蔣介石　不，但是坊間都謠傳我是始作俑者。

及　川　確實有那種說法。

蔣介石　那真是讓我心碎，實在是不知道該說什麼才好，那真的是讓我自己否定了自己。

戰後的外省人，在地位上屬於上層，也就是說被委任統治台灣，是站在統治者的立場。

當地的台灣人，或持有著戰敗國日本國籍的人們……，當時的泰國或者是柬埔寨的波布政權也是一樣，從國外回來的人，就像你（及川）這樣的人，都要被殺掉的啊！因為這些人會整天提出意見，太多話了，所以這些人都得殺掉。總之，當時就是那般情形。那實在是很棘手，不過其中也包含了宋美齡的想法。

蔣介石對李登輝的評價如何？

蔣介石　在我之後，假如是宋美齡勝出，不是李登輝而是宋美齡勝出的話，那些事或許會被一直談論下去。如果是按照宋美齡的想法去做的話，或許早就實現了「一個中國」。若繼任總統的人不是李登輝，而是宋美齡的話，或許台灣和中國有可能統一成一個國家。

綾　織　您對於李登輝先生有何評價？

蔣介石　嗯？什麼？我嗎？

綾織 是。

蔣介石 嗯——。李登輝繼任總統，對他來說感覺有點像是「天上掉下來的禮物」，實在是難以言喻。如果是打了獨立戰爭後勝出，那還另當別論。

綾織 不過就算是天上掉下來的禮物，之後他還是實現了民主化，完成了政權更迭。

蔣介石 民主化的部分是承接了孫文的思想，說起來還是這樣比較好。台灣在戰後失去很多邦交國，陷入孤立的狀態。雖然現今僅有不到二十個國家跟台灣維持邦交，不過跟中國大陸相比，台灣人幸福多了。然而，因為有一種不知自己是何種國籍的氛圍飄散著，在這方面算是不幸。

「田中角榮時代的背叛，讓我有些難以釋懷」

蔣介石　日本在戰前是那麼的囂張，戰後其實我是希望日本能支援台灣啊！當時，田中角榮背叛台灣，真的是讓人難以原諒。當時我還活著呢！他的那種背叛實在是令人難以釋懷啊。說什麼「經濟優先」？什麼都是為了經濟。

現在中國轉向了，政治還是跟以前一樣，只有經濟轉向資本主義經濟。田中角榮可還真是先驅者啊！一切都從經濟的角度考慮，但總是那麼做不太好吧？

其結果就是壯大了中國，之後美國還與中國大陸聯手。九〇年代，日本強大起來後，為了懲戒日本，於是美國讓中國經濟更加擴大，同時對日本採取緊縮政策。情勢逆轉之後，看到中國現在的樣子，美國又開始感到吃驚了吧？所以說，美國當時沒想到中國後來會有像今天這樣的局面。

美國總是錯估情勢，不是嗎？

黑暗濃霧籠罩下的「結界要塞」的中國

釋 面對現今中國的霸權主義，您從天上界或是目前所在的世界來看，還是會感到憂心忡忡吧？

蔣介石 不曉得妳說的「天上界」是什麼意思。中國大陸幅員遼闊，有著十四億人口，對他們來說，應該不太清楚天上界是什麼意思。

綾　織　那麼您現在是在台灣靈界嗎？

蔣介石　嗯——，那個嘛，簡單來說那裡存在著結界。中國當中存在著結界，現今習近平正推動著「造神運動」，那般運動正如火如荼地展開中。繼毛澤東之後，現今也在展開中。

綾　織　是。

蔣介石　這到底要怎麼說呢……。在我們看來，有一個被黑暗濃霧籠罩的「結界要塞」，存在於中國上空。

綾　織　那是您從站在台灣的角度來看的景象？

蔣介石　嗯。

綾　織　原來如此。

蔣介石　從台灣來看就是那般景象。但是從中國的角度來看這裡，他們或許會認為這裡只是一個蟑螂繁衍的國家。

綾　織　也就是說，我們可以認為「您現在正指導著台灣」嗎？

蔣介石　嗯，現在的確是這樣。

綾　織　了解了。

蔣介石　我現在無法進到中國，因為那是一個無神論的國家。我們在形式上也算是基督教，李登輝也是基督徒，對吧。

綾　織　是的，沒錯。

蔣介石　台灣算是一個相信神明的國家。這個國家以「相信神的民主主義」為目標，算是「西方類型」。

但是日本是否相信神，就真的很難說了。

至於共產主義，就是一個「無神的民主主義」吧？

綾織　您說的沒錯。

蔣介石　中國是「無神的結果平等民主主義」。

綾織　是。

蔣介石　嗯，台灣跟中國不一樣。

「並非變節，只是活在每一個當下的『真實』當中」

釋　現今中國正在推動方才您所說的「造神運動」，他們的理念是「將習近平主席當做神來崇拜」。

關於這點，舉例來說，在日本也有出書的黃文雄先生，他曾說過「或許應該將蔣介石當做神來崇拜，但是他在旁人的眼中像是惡魔。」

蔣介石 嘿嘿嘿嘿嘿（笑），黃文雄啊！

釋 關於當時造神運動的目的、國民的反應，以及後續的展開，您是做如何想呢？

蔣介石 黃文雄他跟我是同一類人，有著雙重性、三重性的身份，很難讓人摸清楚。這個人很圓滑、不讓人看到空隙，所以不能夠太過相信他。嗯，在每個環節，他只會說對自己有益的事。

綾織 不過我覺得他抱持著「將日本和台灣聯繫在一起」的想法。

蔣介石 如果是抱持著善意那還好，但是他說話不是很率直。

釋 他寫了一本書，名為《蔣介石神話的謊言》。

蔣介石 不，我沒有什麼說過什麼「謊言」啊！認為我在說謊那就錯了。

人們都以為我好像是變節之徒，其實我只是漂流在諸行無常的波浪當中而已，我可沒有撒謊。我只是活在每一個當下的「真實」當中（笑）。

綾織　那麼，當時的真實又是什麼呢？

蔣介石　我不是說了嗎？我只是隨波逐流啊！因為當時有一股眼看不見的巨大力量。

綾織　那是指您希望成為像「日本的天皇陛下一樣的存在」嗎？

蔣介石　等你們當了國家領導人就會明白，每個時期都會有每個時期的「趨勢」。

為了避免被中國併吞，台灣必須得具備一個國家的獨立性，為此就必須要有向心力啊！

綾織 原來如此。

蔣介石 毛澤東不也是那樣地統治那個國家嗎？

再次詢問「二二八事件」的責任

釋 或許話題有些重複，在當時所謂的「白色恐怖」，也就是二二八事件中，有很多知識份子階層的人被殺害。

關於這點，當時您對於來自陳儀（台灣省行政長官兼警備總司令）的報告囫圇吞棗，以殘酷的手段對台灣人實施鎮壓，您覺得自己沒有任何責任嗎？對此，您是怎麼想的呢？我想有很多台灣的朋友會看到此次的靈言。

蔣介石　奪取了他人的土地，畢竟還是會發生那樣的事情啊！但如果當時我們過於客氣的話，不就會被他們趕出去了嗎？到時候，我們就只能在台灣海峽上，縮在船上過日子，不是嗎？

綾織　只是，如今回顧過往，您對那個事件是否有什麼反省……。

蔣介石　我被人怨恨，這也是沒辦法的事。

但我認為那些也並非都是嚴厲的批判。後來蔣經國的推薦，不是讓李登輝當了副總統嗎？李登輝以前就曾說過，「從台灣的歷史來看，蔣介石與蔣經國相比，沒有那麼寬大，想法比較固執」。

批判是一定會有的，但就像現在的沖繩，安倍首相對於沖繩越來越感到火大了吧？「你們沖繩再這樣囉唆下去，我就派出自衛隊占領了喔！」我想他有時都想這麼說了。當時的台灣就跟這個有點類似。現在的沖繩，不過就是把美軍基地遷移地方而已。如果是日本本土的人前來殖民沖繩的話，我想狀況就會變得完全不一樣了。如果上層統治階級的人，全都換成日本本土的人們，一定會出現反抗運動，到處會出現示威遊行或游擊戰。對此，警察及自衛隊必定會前去鎮壓。

所以說，那就是「統治的原理」啊！如果不那麼做，肯定會被推翻。當時從中國大陸只有兩百萬人來到台灣，兩百萬人得指導台灣、統治台灣，如果被人批評「那不像是民主主義的作法」，也確實是如此（笑）。就因為如此，外界對於我的評價也是非常複雜。

及川　原來如此，我現在非常了解之所以會變得複雜的原因。

蔣介石　是啊！正是那樣。

及　川　一般認為「李登輝總統對台灣是有情義的，但蔣介石總統卻沒有」，但是我現在感覺或許不是那個樣子。

蔣介石　當時我真的是想要反攻回大陸啊！若是在我那個時代能拿回大陸的話，真的是會反攻回去的。但當時雖然嘴巴說著「要反攻大陸」，但後來漸漸地大家開始說著「根本不可能了」。

6 身處於日美中動向不定的台灣今後發展

現任台灣總統蔡英文執政「半吊子」的原因

釋　關於今後台灣這個國家的方向性，您是抱持何種想法呢？您是否認為蔣介石先生的中華民國才是中國的正統政權，應該努力讓台灣或香港等自由政體，朝向統治中國的方向前進呢？

蔣介石　哈哈哈（笑）。黨首的腦袋很單純，溝通上真的很輕鬆（會場笑）。

釋　不好意思（笑）。

蔣介石　如果我照著妳想的話而說，我的靈言就變為那個方向，妳的想法就會作為我的靈言被記載下來，妳是不是覺得那樣比較好？

釋　關於現今的蔡英文女士，您是怎麼看的呢？

蔣介石　蔡英文啊！嗯，她執政有點「半吊子」。

民主主義其實也有其難處，執政者會左右搖擺，因為會有各種意見。民主主義的確有好的地方，但說到壞處，就是會出現「民粹主義」。政治家總是會朝著能獲取選票的方向傾斜，比起自己的主義、主張，他們總是會傾向於拿到選票。在這層意義上，政治家總是會搖擺不定。

綾織　您的意思是，她在中國面前應該更堅定地表明立場嗎？

蔣介石　我想蔡英文心中其實是想要獨立，做為一個國家與中國對等來往，並且與各國建立邦交。但如果說得太過頭，又會刺激中國，所以她才會模糊其詞「可能會跟中國成為一體，也可能不會」，另一方面又用時間換取空間。

那的確是個難題。

應該去追究與北韓相同的毛澤東「先軍政治」是否正確

蔣介石　最終還是必須要重新檢視比蔡英文政權更久以前的事。

為何毛澤東的那一方是那種結果，而台灣這一方卻是這種結果呢？

那是因為台灣採取的是「自由」、「民主主義」的理念，採行的是「議會制」，而毛澤東卻是明確地宣揚「先軍思想」吧？

綾　織　是。

蔣介石　所謂先軍思想，總而言之就是「人民餓死也在所不惜」是吧？他們認為「投入金錢擴大軍備的人，就是贏家」、「只要軍事力量夠強大，就能保衛國家、實現統治、對抗外敵」。

這就是北韓實際上正在做的。

綾　織　是。

蔣介石　如果先軍思想勝利的話，現在的日本可就完了，戰後的日本也就不行了。但日本並非是先軍思想，總是慢半拍，在這種「慢半拍主義」的氛圍中，總是在不得已的情況下做出決定。

綾　織　是啊！

蔣介石　把護衛艦改造成航空母艦也是，日本媒體對此做法大肆批評，在野黨也批判，或許天皇陛下也提出批判了對吧？日本就是籠罩在這種氛圍當中？

這就是剛好和先軍思想相反。不是先軍，而是「後軍政治」。在這種「後軍政治」當中，人們認為「只要經濟繁榮就好了」。

中國在執行先軍政治之後，鄧小平大力地推動經濟發展，形成一種讓無法兩全的事物，能同時有所發展的不可思議的政體。

綾織 是。

蔣介石 如此局面今後會如何演變，我還真是不知道。

我希望你們能去追究那樣的先軍政治到底是否正確。先軍政治終究會獲得勝利嗎？我認為就某種意義上來說，那即是創造了近代歐洲，以軍事力為背景的殖民地主義之「帝國主義式的征服世界思想」。當時商業也一併帶入了其中嗎？除了軍事之外還有商業，或許還有傳教士。

不過，中國可能沒有傳教士，因為共產主義已經成為一種「宗教的替代品」了。這方面得好好地釐清才行。

「若是美國無法料理北韓，要處理中國就棘手了」

蔣介石　台灣是因為有了「自由」，才有了「繁榮」，雖然有貧富之間的差距，但現今中國的貧富差距比日本來得懸殊多了。

綾　織　原來如此。

蔣介石　日本會逮捕卡洛斯戈恩這樣的人，但「卡洛斯戈恩」這樣的人，在中國到處都是。這些人其實都是不勞而獲。

綾織　是啊！

蔣介石　習近平也至少擁有幾百億資產，他把鉅額資產借給在澳洲、美國、加拿大等地的親戚，把錢洗到國外。其他人也是一樣，當個市長之類的就能搞到幾十億的錢。

一般人會說「這樣的國家腐敗透頂」，但他卻擺出一副要將腐敗一掃而淨的樣子，顯得自己非常廉潔，在人前展現自己沒有醜聞的形象。中國就是如此這般的「管制資訊的國家」。

歐洲就是被這一副假象騙了，心甘情願地受其擺佈。

就連美國，也是看中國的眼色行事。直到川普出現之後，才開始和中國挑事。

綾織　我想川普總統是察覺到中國的本質，進而選擇對決。

蔣介石　如果是那樣的話就好了，但若是美國無法乾脆地料理北韓，要處理中國就棘手了。

綾織　是啊！

蔣介石　所以說，台灣的未來會變成如何啊？前途還是很迷茫啊！

綾織　終究「台灣的未來」，和日本也有關係，但最後還是要看美國的行動。

蔣介石　川普在墨西哥跟美國的邊界建造圍牆，那就好比是在台灣與中國之間佈水雷一樣。但佈水雷不像築圍牆那麼簡單。

或許川普先生是一個勇敢之人會為了台灣而戰，但他也是一個商人，在計算利弊得失之後，也有可能會毫不留情地就把台灣拋棄

釋　掉。所以不能夠完全地予以相信啊！

從去年年末開始，川普總統開始加大對於台灣的力道，好比出售武器或是其他的東西。

蔣介石　嗯，妳說的沒錯。

只不過他給我的感覺是，「流的不能是『美國的血』，但如果流的是『台灣的血』的話，那就可以加以保護。若能在商業上賺得到錢，沒什麼不可以」。然而，若是超過如此程度，我就不知道他是否會予以協助了。

為了台灣，日本應該往何種方向前進

及川　基本上，我們幸福實現黨是「親台」的。

蔣介石　親台？啊啊，原來如此。

及川　我們是希望保護台灣的。

蔣介石　是這樣啊！你說出這樣的話，若是根據「商鞅的靈言」，中國會對你們發動攻擊喔！

及川　是，這我明白。

但是我總是在想，日本可以為台灣做些什麼事。

您有沒有什麼是「希望日本做的」？

蔣介石　安倍首相不都是在逃避嗎？

譬如李登輝來日本的時候，對於要不要給他發簽證一事，就糾結了很久。說什麼從人道方面出發，「如果只是以觀光為目的」、「不得懷有政治目的」等等，感覺日本不太像是一個自由的國家。

美國也是，或許他們的確制定了「台灣關係法」※，但那也是半吊子。一方面採取「一個中國」的政策，卻同時制定了「台灣關係法」，在法律層面上保持一點關係，但那其實就是腳踏兩條船的怪異政策啊！

日美兩國都顯得軟弱，這實在是有些遺憾。

※ 台灣關係法　1979年4月制定的美國國內法。1979年1月，在卡特總統與鄧小平的交涉下，美中了建立外交關係，與此同時，為繼續維持已經斷絕的美台邦交而制定該法律。美國將台灣視同為國家，繼續維持1979年以前的條約等等，並可為了防衛目的提供武器。

按照日本現在的憲法，就算是想說「我們願意戰鬥保護你們」，那也不是能說出口的。

釋

對此，我真的感到很憂心。對於這種與先軍相反的「後軍政治」，真的是憂心忡忡。如此現狀，你們什麼也做不了。

台灣和與那國島之間的距離近在咫尺，幾乎肉眼可見。台灣的安全跟日本的安全息息相關。

蔣介石

如果日本的與那國島突然被中國的兩棲突擊艦登陸奪走，日本能做何反應？能打仗嗎？真的會開戰嗎？

我想日本會先向聯合國安理會申訴，要求「聯合國採取措施」，接下來就是會示威遊行。僅是這類程度，日本倒是可能會做。

日本真的能夠下定決心，「就算派出自衛隊，也要決一死戰」嗎？

有戰勝的信心嗎？

及　川　對此，我也很想問問日本政府呢！我想政府沒有想過那種情況吧！

及　川　是啊！

蔣介石　嗯，屆時就會像是電影《正宗哥吉拉》所描繪的狀態，日本政府只會開官僚會議，但實際上卻沒有任何進展。

及　川　在這層意義上來說，現今日本是無法在軍事方面進行對抗。

蔣介石　辦不到。

中國人被一面「眼所不見的蜘蛛網」網住

及　川　正如您方才所說的，毛澤東的錯誤思想，譬如先軍思想的錯誤等等，

蔣介石

關於這些錯誤思想，是否應該讓國際社會知道才行？讓人感到意外的是，中國「管制資訊」的能力竟然如此之強。那樣的一個大國，應該會有更多的資訊外漏才對。不過，北韓的內情也很難摸清。那樣的國家，有那麼多人留學美國，在讓他們拿到好處的同時，又能對他們進行「封口」。

簡單來說，就是中國只做有利於促進經濟繁榮的事。所以川普現在搞什麼，我也不太清楚，是什麼來著？是「智慧財產權」還是「使用權」？總之美國就以此來挑起爭端。

不過我想中國人就是到美國來竊取，以大量留學美國之名，行竊取之實。中國人到美國企業就職，偷到機密資訊就回國。美國看到了這個大問題，便指責中國「撿現成的賺大錢」，不知道美國會制裁到何種程度。此外，中國政府對所有中國人，佈了一面「眼所不見的蜘蛛網」。

綾織 是。

蔣介石 現今有很多設備廠商製作了一大堆的電子產品，行動電話的普及率又非常地高，卻還能夠做到如此程度的資訊管制，對於國外又拚命地散佈完全異於實情的訊息。

就算在中國國內每年發生十萬件以上的暴動……，假如換成日本的話，那可真是不得了吧？如果發生了十萬件以上的暴動，電視一定會每天輪番播報吧！如此一來，政府應該會立刻分崩離析。十萬（笑），日本應該不會發生十萬件暴動吧！只是爆發個兩三起暴動，日本政府恐怕就會崩潰吧？政權一定會出現更迭。

但中國可是有那般巨大力量可以碾碎那些資訊，實在是龐大的「資訊管制力」。

中國的「MOAB（大型空爆炸彈）實驗」意味著什麼

蔣介石　還有，現在甚至來自宇宙的支配……，「資訊支配」和「從宇宙攻擊」，中國對這兩者都有著意圖。

「先軍思想」現今正擴張至宇宙。

綾　織　習近平國家主席最近也明確表示，「不放棄以武力進攻台灣」。

蔣介石　他可沒有放棄過啊！

綾　織　今後我想台灣的人們也會聽到這個靈言，您認為台灣做為一個國家，今後應該朝什麼方向決斷並付諸行動呢？

蔣介石　嗯⋯⋯，美國在阿富汗所使用的⋯⋯是叫做MOAB（大型空爆炸彈）嗎？那是一種讓方圓五百公尺之內的氧氣瞬間消失，使所有生物死於非命的巨大炸彈對吧？前一陣子，中國不就是曾經做過試爆嗎？

綾　織　是。

蔣介石　如果是持有的是核武，會遭受國際社會的嚴厲譴責，所以他們才表明自己擁有的是這種「巨大炸彈」。

持有那種武器，就表示「到了關鍵時刻，我可以把你們全都幹掉」。

而且，這種東西可以投擲到持反對意見之人的頭上，也不會發生核污染，「在那之後的台灣，我們還可以自由使用」，中國想要表達的就是這個意思吧？對香港也是一樣。

那就是一種恐嚇，赤裸裸的恐嚇。

綾織　是。

蔣介石　中國對美國的威嚇也日益明顯，特別是中國打算從外太空使用電波對美國攻擊，對此美國能夠應付嗎？

日本安倍認為「現在因為消費稅的關係，讓售價出現零頭，人們都覺得『要使用零錢才付得清，真是麻煩』，不如模仿中國，全都改成電子貨幣算了」。如果改成電子貨幣，零錢就變得無所謂，甚至沒感覺到自己用了錢，消費稅也會變得無所謂，因為扣款時會自行計算。

但是，若全部都改成電子貨幣，萬一遭受中國的電子攻擊，日本經濟能否承受得起，這可還真是不知道。

接下來台灣會被迫「踏繪」

綾織　明年（二〇二〇年）的台灣總統選舉，考驗蔡英文女士是否能連任，能否請您對蔡英文女士，以及未來成為台灣的政治家、總統的人們給些建議呢？

蔣介石　接下來台灣可能會面對「你要選擇民主主義？還是集體自殺？」的問題。我想中國會威脅台灣，「你們是要選擇民主主義？還是選擇被全部殲滅？」

當然，這跟美國會如何處理北韓問題也有所關聯。

如果在處理北韓問題上，美國是易如反掌的話，中國會認為「果然美國很可怕」。但如果美國和北韓是勢均力敵地進行談判，甚至是交換條件互相讓步的話，中國就會覺得「美國可真是弱」、「美國人貪生怕死，根本不想開戰」。

綾織　嗯。

蔣介石　如果中國覺得美國「很弱」的話，或許就會出現想要將朝鮮半島納入中國支配的想法。就像是將朝鮮半島「越南化」，以共產主義加以支配，只要在經濟上開放自由，就能和中國成為一體。如果朝鮮半島的中國化成功的話，那麼就算是台灣，台灣人有可能就會想「看來把政治放在一旁，管好經濟就好了」。

所以說，中國實在是一個很難應付的對象。實行先軍政治，或者說殺了人也無所謂的國家是很恐怖的。

你們日本最大的問題就是，在經歷了一次的敗戰之後，就遭受沉痛打擊，進而發誓「再也不會參與戰爭」，但這個「再也不會參與戰爭」，只是指日本自己，對於「外國的戰爭」則是隻字未提。終究還是得向其他國家說「不要興起戰爭」才行，雖然外國不會在乎日本說了什麼。

在這種情況下，假如遇到以打仗做為主職的國家的話，日本是起不了保護作用的。除非出現了聖女貞德厲聲斥退敵人以外，恐怕是別無他法了。這可真是個危機啊！在某種意義上，就跟法國沒兩樣。

7 中國經濟崩壞的實態

「就算編織包圍網，日本弱小也無計可施」

及川　雖然現今中國的先軍政治如此大幅復甦，但也有人認為「經濟正朝著崩盤的方向變化」。

對此，您怎麼看？

蔣介石　只有去年一年景氣不好吧？實際狀況會變成如何，現在還不知道。

至今中國經濟發展了百倍，但日本在這二、三十年的時間裡沒什麼起色，這我真的難以相信，是不是哪裡搞錯了啊！居然有這種事。

綾織 從某種意義上來說，在日本，有些社會主義的思想已經變成了常識，也就是中國的思維方式進到了日本。

蔣介石 「社會福利思想」變成了「共產主義的替代品」，到處亂撒錢，不工作的人活得悠閒自在，辛苦工作的人損失吃虧，現在日本不就變成是這樣了嗎？

實際上，日本不就變得跟中國一樣嗎？

釋 自從日本在政治上捨棄台灣之後，日本和中國加深了實質上的交流，我真的不明白，當時的「日中邦交正常化」，到底是所為何來啊？

此外，執政連盟中的公明黨，至今還以與中國的關係為榮。

蔣介石 是啊！

釋

我認為我們必須要讓這樣的情況有所轉換。

蔣介石

就像方才所說的，美國透過拉攏中國，以試圖對抗與蘇聯之間的冷戰，也就是說美國試圖削弱共產主義圈。這在某種意義上，這是一種美國對中國的懷柔政策。

美國保證了中國經濟上的發展，允許中國的出口，允諾「使你們在經濟上發展，讓你們富裕起來」，藉此實施懷柔。讓中國優先發展經濟，削弱政治，使其只剩空殼，進以減弱蘇聯的威脅。

而現在美國的另一個動向，就是「與俄羅斯締結和平條約，打造包圍中國網」。這也就是你們現在努力在做的，這也不失為一個辦法。

雖然是一個辦法，要是利害關係最大的日本，無法成為一個可以自己保護自己的國家，也無法成為一個能夠保護友邦的正常國家的話，若是包圍網打造成功之後，日本即會成為「最弱的一個點」，那就真的不像話了。

釋　相對於先軍政治，您今天提到了「後軍政治」這個詞，謝謝您給予了我們這個一轉語。

蔣介石　若是台灣遭受來自中國的侵略的話，假使日本沒有能力朝中國內地的基地發射導彈、進行攻擊的話，那就等於沒有保護自己的國家。

釋　如果無法保護自己的國家，那麼即使被人登上了尖閣諸島……。

蔣介石　那也沒有辦法，而且「太空」的相關戰略也極度落後。

釋　是。

蔣介石　日本連把人送進太空都還做不到。

釋　在網路方面，日本倒是有些進展。

但即使如此，倘若不能修正憲法……。

蔣介石　那實在是進度緩慢。

就連台灣都已經修憲好幾次了。對於「保護自己的國家」，必須得更認真地考慮才行。

日本人現在還天真地以為日本是島國「沒有問題」，在船隻不便的時代，島國或許是安全的。但現今敵人不會乘船而來，他們會發射導彈，要不就是會透過電磁脈衝攻擊、從人工衛星發射導彈攻擊，現在已經進入這種時代了。

現今沖繩那般反美軍基地的新聞，應該也在美國播放著，看到那幅景象，美國真的會不惜流血保護日本嗎？

川普現在很強勢，雖然看起來和你們的意見相近，但他本來是一個生意人，「美軍基地撤退？的確維持基地的費用太昂貴了，如果撤掉基地比較划得來的話，那也無所謂啊」，川普也有可能會做出這種判斷。我想他有五成的可能性會那麼做。就連關島上的基地，他也有可能會撤掉，不能說沒有那可能性。「若是發生了危機，美國也可從關島進行攻擊，現在日本反對沖繩美軍基地的聲浪那麼高，又那麼花錢，也不知日本人在想些什麼」，我想美國的態度應該是這樣。

如果幸福實現黨能取代公明黨的話，或許會有更大的發言力。公明黨一直死守著和中國的邦交恢復，他們一直把這個當作唯一的「金牌」，捧在手上。

綾織　是。

蔣介石　不過，再過不久他們就會開始崩壞了。創價學會和公明黨之間的嫌隙已經變得很深，創價學會屬於內部洗腦型，但假如公明黨不迎合外界聲音的話，就無法有所發展，所以公明黨採取觀望的態度相當明顯。總有一天，這個組織會面臨分裂的局面。

「現今日本應持有何種長期國家戰略」

釋　現在日本國內有人抱持這樣的觀點：「如果中國富裕起來，那麼為了維護這個富裕，中國不會在外部樹敵。但如果有人試圖鉗制中國經濟，中國反而會採取攻擊姿態。為了繼續維持當下的經濟狀況，日本

蔣介石 跟中國和睦相處才是良策。」對於中國這個國家的性質，我們應該如何考慮？

蔣介石 中國對美國的經濟已大舉滲入，他們甚至還威脅「若是我們把美國國債全都賣掉會怎樣啊」，中國擁有著足以動搖美國的力量。現在日本應該做的嘛……。嗯，從九〇年代開始，日本政府關閉長期銀行※，只留下市中銀行、都市銀行，那個政策其實是錯誤的。

綾織 嗯。

蔣介石 其實現在需要的，正是長期銀行。

在現今利息都歸零的時期，「長期支援與日本

※ 長期銀行　指長期信用銀行。在依據日本長期信用銀行法設立的民間金融機構中，有日本興業銀行、日本長期信用銀行和日本債權信用銀行三家。他們以長期限借貸設備資金、運轉資金為主要業務。隨著泡沫經濟的崩解，被不良債權纏身的長銀和日債銀於1998年宣告經營破產。

友好的國家，幫助他們建立基礎設施，促進國家發展，進而能夠日本的盟友」，若是能有這般國家戰略的話，那麼日本就能與「一帶一路」※互相抗衡。但安倍現在實在是太弱了，這方面的考慮還是有些不足啊！

安倍現在做的是在耍小聰明，一下說要把消費稅提高到百分之十，又嘮嘮叨叨地說要回饋國民，要不就是推廣電子支付，不讓消費者手上拿著一堆零錢，他盡是搞些著這類的事情。我覺得他應該要做的，是對於倒向日本的馬來西亞、菲律賓、非洲等國家，樹立長期式的構想，增加親日國家的數量。

及川　您現在說的長期銀行，貸款對象不僅是對於日本國內，而是為了整個亞洲……。

蔣介石　就算把錢都貸款給日本人，大家還是都不為所動。大家既不創業，還把錢包勒得緊緊的，人們都不消費了啊！提高了消費稅，消費不會增加啊！

在對中國的戰略上，日本的政治和經濟必須做出日本獨到的嘗試

及　川　在這種情況下，「日圓」走強比較好吧？

蔣介石　就在快要趕上美元的時候，日幣就被擊潰了，被全球主義這種東西擊潰。中國的目的就是粉碎日本的金融機構，所以出手擊潰了你們。如此一

※一帶一路　中國國家主席習近平推行的「陸地絲綢之路」（一帶）和「二十一世紀海上絲綢之路」（一路）的兩大經濟、外交圈構想。透過在相關國家建造公路、鐵路、港口和通訊網路等基礎設施，確立新的經濟圈。

來，企業也跟著倒下，被中國逆襲。

在那段期間，中國養精蓄銳，韓國也經歷了韓圓危機。此時，日本的經濟和政治該如何營運，需要更進一步考慮。在對中國的問題上，日本必須做出獨到的嘗試才行。

釋　去年二〇一八年，安倍首相跟五百人左右的日本財經界人士前往中國，他們認為「一帶一路」可能蘊含著商機，進而有意向中國靠攏。日本銀行也發行了「熊貓債券」，以人民幣結算的方式進行了資金供應。

能否請您給日本的財經界一些建議，比方說提醒他們那般做法很危險……。

蔣介石　嗯，我想他們是被中國的「人口」和「發展速度」給迷住了。

估計他們認為「如果中國將成為世界第一大國的話，那麼如果不跟中國維持密切交易，那就太吃虧了」，但國防上的危機也必須考慮才行。從中國的意圖來看，我認為他們是想像當年的歐洲一樣，反過來將各個鄰國都殖民地化。中國並不覺得那麼做有什麼不對，因為自己也曾經吃足了那種苦頭。

鴉片戰爭以來，中國遭受歐洲侵蝕，最後甚至被日本掠奪。所以他們這次抱持著偶爾報復一把，大幹一場的心情。

他們希望讓這些國家向以往的大中國、中華圈朝貢。「歐盟？那算什麼？」我想中國有著這種心情。「從亞洲到非洲一帶，包括歐洲在內，把他們全部變成朝貢國，之後再透過債務攻擊，像控制奴隸一樣地統治他們」，估計這就是中國打的如意算盤。對於這樣的國家，日本需要「國家戰略」啊！

綾織　是。

蔣介石　經濟發展也很重要，所以你們認為「提高消費稅，將導致經濟發展速度落後」。雖然那很正確，然而只侷限這一點是不夠的，應該著眼於更大的經濟發展才對。

8 如何對抗中國的戰爭計畫

「是讓新的神明出現？還是被無神論挾持而去？」

綾織 我們再回到台灣的話題，現今國民黨還若干地認為「被中國殖民地化也無所謂」。蔣介石先生您曾經是國民黨的最高領導人，您是如何看待現今台灣的國民黨？

蔣介石 現在已經進入了「北韓是否會和南韓成為一個國家」的歷史時期。美國在越南苦戰了二十年，結果是共產圈獲勝。但是越南開始了自由主義經濟，一九九五年之後，他們跟美國之間也建立了良好的關係。

有人看到了那般情景，便開始有點覺得「政治考量可以變得淡薄一點」、「即便台灣被拿下變成了共產主義國家，但只要經濟是自由主義經濟，那也不都還是一樣？」

並且，如果又有人認為「日本現在推動的社會福利，在某種意義上，不也和共產主義所做的一樣嗎」，若是這種思想潮流開始出現的話，說嚇人也是挺嚇人的。你們可以戰勝這種想法嗎？我想正是因為如此，所以各位才努力想要樹立「新的神明」吧！

綾織　是。

蔣介石　是要讓新的神明出現，或是被無神論狹持而去，這是一場戰役。在判斷善惡的時候，就得依據「神是否存在」、「靈界是否存在」、「靈是否有靈魂」來判斷，結論就只有一個而已。

綾織　是。

蔣介石　如果不能樹立「正確的才是正義」的觀念，僅憑世俗的理論的話，就會發生諸多混亂。

李登輝贈與大川隆法的影像

及川　在台灣人民的各種想法中，我認為在「如何評價李登輝這個人」的問題上，必須要好好思量才行。其實在我們認識的人當中，有一位電影導演，他製作了一部關於李登輝的電影。

蔣介石　嗯、嗯、嗯。

及　川　這部電影名為《哲人王～李登輝對話篇～》，於去年製作完成。在聯合國日內瓦總部以及美國都曾上映，獲得極大的好評。

蔣介石　嗯、嗯。

及　川　這部電影想要傳達的訊息是，「台灣即是一個獨立國家，絕非是中國的一部分」。

蔣介石　嗯、嗯、嗯。

及　川　以及「台灣從未被中國統治過」。

蔣介石　嗯。

及　川　很意外地，如此情形沒有多少人知道，而這位日本人導演園田映人，他很想為台灣人做些什麼，於是便製作了這部電影。

據說有些台灣人當中對李登輝先生感到不以為然，但我們則是希望能在他的有生之年，將他的精神及事蹟傳播到全世界，對此您的意見如何？

蔣介石　嗯，聽說你們曾在石垣島與他交換過名片……。

釋　在石垣島舉行的李登輝先生的演講（二〇一六年七月三十一日）中，我跟他稍微寒暄了幾句。在當時的演講中，就連中國的「中」字都未曾提及。直到去年（二〇一八年）六月二十三日，在沖繩的糸滿市進行演講時，雖然他已是九十五歲高齡，在兩個人的攙扶下登上了講台，他用恢宏的氣勢大肆地批判了中國一番，讓人感覺到「他打算把這個當作是遺言嗎」，真的是一場讓令人屏氣凝息的講演。

蔣介石　你說的那片《哲人王》的……DVD是吧？還是錄影帶？大川隆法先

生也有看過喔！

及川　有看過嗎？

蔣介石　嗯，李登輝先生曾經送給他（注：李登輝贈與大川隆法，描述其個人生涯的ＤＶＤ一事）。

釋　那可能跟《哲人王》是不一樣的東西吧。

蔣介石　啊啊，跟那個不一樣啊？

及川　是的，不一樣。還有另外一個類似的東西。

蔣介石　原來還有別的啊。啊啊，這樣啊。

總之，他也無法成神啊！就差那麼一點。如果當時發動了獨立戰爭，或者對於中國大陸更積極地訴求獨立運動的話，還有可能成神。只不過他處於「如果說得太過火，恐怕會刺激中國」的時期有點久，於是最終與成神失之交臂。

未來很嚴峻啊！前景很嚴峻啊！

所以說，若問「日本人肯為台灣流血嗎？」就算是沖繩最後也被捨棄，對此沖繩人仍憤怒至今。

如何應對中國「二〇五〇年之前的六場戰爭」

釋　然而，今後的趨勢，中國有可能為了統一台灣而採取行動，此外還有一種說法認為，中國計畫在二〇五〇年之前※發動「六場戰爭」……。

蔣介石　六場……。哈哈哈（笑）。

※　在二〇五〇年之前　二〇一一年年共產黨代表大會閉幕後，中國政府機構召開的研討會上所發表的《中國近未來的六場戰爭》中，明確地將「奪回」曾是中國領土的台灣、南海、釣魚台群島、蒙古等事項，納入未來預測的視野範圍內。

釋　他們的軍幹部，曾經中國的媒體上那樣講過。

蔣介石　六場啊！

釋　首先是「統一台灣」，其次是「收復南海諸島」。

蔣介石　嗯，統一台灣，南海……。

釋　「收復藏南」。

蔣介石　藏南……（笑）。

釋　是的，再來是發動「收復尖閣諸島及沖繩的戰爭」，還有「統一外蒙古戰爭」、「奪回俄羅斯占領地戰爭」。很多國家將遭受相同的危機，在這樣的趨勢中，我們想要發起一個能擊退中國的行動。

蔣介石　若是從中性的說法，最好的狀態是中國一黨獨裁的政治體制從內部坍塌，自然移轉到到民主主義政體，繼而能維持國家營運；這就是最理想的狀態。

假如台灣或香港的想法，能更加地向中國拓展，中國就能更維護人權……。

簡單來說，美式觀念的民主主義，其實是為了要保護人權的，人民才是「目的」所在。

「人民是為了政治制度、國家而存在」，如此想法，戰爭中的日本也曾經有過。譬如，「人民是為了國家，或者是為了天皇陛下而存在」，但不應該是如此，人民才是「目的」，民主主義為了人民的「手段」。

「言論自由」、「職業自由」、「行動自由」、「通訊自由」等等，這些都是理所當然的人權思想。中國政府把中國的國內法視為國際法，對此要加以指正突破才行。當時在戈巴契夫的蘇聯幸運發生的事，也必須在要中國興起才行。

釋

在台灣爆發「太陽花學運」※後，出現了以年輕人為中心的「時代力量」的政黨。您知道有這股新的政治運動浪潮嗎？

蔣介石

那些細節我不是很清楚。不過從實際上的角力關係來說，從中國二〇五〇年之前的軍事計畫來看，台灣應該是最容易得手的，也是最初的目標吧！即使受到歐洲或美國指責，他們也大可以搬出一番說辭「台灣本來就是中國的」、「外來干涉的才是侵略者」。

所以台灣可能會是最初的目標，不過或許也有可能是尖閣諸島或是沖繩。

若是讓中國人大家都變富裕的話，或許就會打消開戰的意願，不過中國的貧富差距是相當懸殊。

即使是習近平，就算他嘴上那樣說，其實他已經遭遇過好多次暗殺未遂了。獨裁者也有他害怕的地方，能代替他的人比比皆是，所以被幹掉的可能性並非完全沒有。

首先，「思想戰」是必須的，既然中國提到考慮發動六場戰役，那麼日本也必須要說「再次打造戰艦大和與武藏」之類的（笑）。應該先重新組成機動部隊，既然不知該把錢花在哪裡，組個機動部隊也未嘗不可。不過我可不知道這樣會不會發生戰爭。要不就是接

※ 太陽花學運　2014年3月18日，在當時執政黨國民黨試圖強行通過兩岸之間的《服貿協定》，遭反對的學生們衝入立法院，占領議場。在運動獲得眾多市民支援的情況下，執政黨接受「重新審議」的要求。該運動以議場內放置的「太陽花」為象徵，以此得名。

受大量國外移民，把他們教育培養成軍人？現在看起來人口有些不足啊！

中國國內好似迎來「最大的黃金期」

綾　織　今天的靈言，差不多到了該結束的……。

蔣介石　這樣啊？我說了不該說的話了啊？

綾　織　不不，沒有那回事。如同大川總裁在一開始的解說當中有提到，關於蔣介石先生有著比較難以理解的部分……。

蔣介石　的確是難以理解啊！我自己也這樣認為。

綾　織　聽了您的一席話之後，雖然您有著堅定的「三民主義」的想法，但如何在現實中展開，這就……。

蔣介石　所以啊！我有一件感到懊惱的事啊！

那些傢伙的中華人民共和國，是被惡魔介入掌控的國家，但如果那十四億人的大國統一成一個整體，且讓經濟有百倍的發展並超越日本的話，自然就會得出「中國的統治者比較優秀」的結論啊！我是說照這樣發展下去的話。

雖然從外部來看他們是惡魔，但是從中國內部來看，人們認為「中國國力變得強大，軍事力量也變得充實，甚至可以侵略、奪取近鄰他國，將其變成殖民地」，國家有了大規模的發展，變成了像是過去的大英帝國一樣。

從中國的歷史來看，他們眼裡的現今中國，彷彿正迎來「最大的繁榮期」。他們認為中國正面臨一個超越唐代、最大的黃金時期。到目前為止，還無法證明他們「失敗」，只能承認「終究惡魔的頭腦也不差啊！」這不禁會讓其他人懷疑，「難道沒有神的一方才會獲得發展嗎？」

「美國有些地方就像『頭腦簡單的金剛』一樣」

及川　然而，如果他們是憑一己之力即成長到如此規模，那還可以讓外人理解，但原本中華人民共和國剛建立的時候，應該是很弱小的中國共產黨，為什麼後來能發展得如此龐大？

蔣介石 嗯……。

及　川 似乎他們不只是靠自己的力量，還有來自美國及其他地方的力量。也就是說，我們得要追究「現今的中國，到底是誰創造的」……。

蔣介石 我認為當時美國誤判了情勢。但是在那之後，麥卡錫主義※橫掃開來，「紅色恐懼」在美國開始蔓延開來。

美國這個國家，有些地方就跟「頭腦簡單的金剛」一樣。四肢發達卻頭腦簡單，供給腦部的血量不足，因為既然麥卡錫主義都廣布開來的話，那就應該好好地反共嘛！

※ 麥卡錫主義　1950年代，因為擔憂正逐步擴大的共產主義，以美國參議員約瑟夫．麥卡錫為中心所推動的反共產主義運動。也稱紅色恐懼（Red Scare）。一些被懷疑是共產主義者的政治家和文化人士遭到攻擊。

及川　如果從一開始就能那麼做的話，不就好了是吧？

蔣介石　沒錯、沒錯。若是那麼做的話，就可以一清二楚地了解到共產主義是那麼危險的思想。

結果，美國經歷了韓戰之後才明白共產主義的可怕。美國在韓戰中打成「平手」，從畫了那一條線來看，就可知道美國沒打贏吧？之後，又打了二十年的越戰，這次則是「慘敗」吧？

所以說，美國還真是有著許多這種慘痛經驗。

及川　嗯。

蔣介石　所以，現今美國才會認為「希望避開跟中國之間出現包括地面戰在內的戰爭」。

美國的確讓中國的經濟力壯大了起來，但若是問「最後美國是否有著和中國對決的決心？美國是否具備著信仰心、神的正義」，這實在是極為嚴峻的問題。

川普雖然有心「為神而戰」，但美國總統任期只有四年，最多連任兩屆。

或許過去歐巴馬曾呼喊過神的名字，但是他曾經贏過嗎？「無神的國家反而更強」，這種事情在過去也並非沒有出現過。

憑藉強大的軍力實施占領，在這種情況下，統治者就會自封為「神」，而這就是現今中國的目標。

康德以後的近代合理主義，有可能以無神論的型態完結

及川　今天的「蔣介石總統的靈言」估計會收錄成書，以大川隆法總裁的著作發行，不過現今日本人仍天真地以為「川普會想辦法處理北韓，而安倍會跟中國搞好關係」，認為和平會理所當然地持續，變得很麻木。

蔣介石　那恐怕是不可能的事。將北韓交給美國處理？然後天真地認為，就和現今與越南相處模式一樣，說不定美國也能和北韓友好相處？然後對於中國的事，日本自己完全束手無策。

現在中國想要把手伸到歐盟，梅克爾（德國總理）前一陣子不是來到日本了嗎？現今中國正覬覦著歐盟，整個歐盟是否會全部淪落為

中國的掌中物，目前正是關鍵時期。

或許康德之後的近代哲學、「將神斬首」等哲學，切斷了人們對神的信仰。「合理主義」最終有可能會以「無神論」的型態完結，只講求「僅限於世俗的繁榮」。

這就要看各位能否在神學的辯論上戰勝了。

釋 今天聽了您的一席話，讓我對您的印象有了一百八十度的轉變。

蔣介石 啊啊，是這樣嗎？

妳啊，一邊學著中文，還對我抱持那種印象嗎？

釋 不、不、不（笑）。

蔣介石 妳是跟哪裡的中國人學的啊？

釋 不好意思，這都怪我頭腦簡單，實在是很慚愧（笑）。

蔣介石　我倒是早知道妳頭腦很單純了。

釋　是。

9　蔣介石轉世的軌跡

與明治維新和明治政府中活躍的人們是夥伴

綾　織　只不過，做為政治家的最大責任，即是要對「結果」負責……。

蔣介石　嗯，是的。

綾　織　我想您應該是存在於台灣的靈界吧。

蔣介石　嗯。

綾　織　您現在正從天上界給予世人指導嗎？

釋　從光譜來看……。

蔣介石　我不知道這裡是否是天上界，不過孫文也在這裡喔！

綾　織　啊啊。

蔣介石　除了孫文，還有中江兆民※。

綾　織　原來如此。

蔣介石　明治時期以後熱血的人們，都在這裡啊！

綾　織　原來如此。

蔣介石　我跟那些人都相互熟識。活躍在明治維新時期的人們、建立明治政府的人們，他們都回到了天上界，我跟他們可是朋友。我可以用日語交談，非常方便。

綾　織　原來如此。那麼，後藤新平※先生、新渡戶稻造先生、兒玉源太郎※

蔣介石　先生也在那裡嗎？（本靈言收錄日的）今天早上，商鞅（的靈）來了，對北條政子拚命「攻擊」了一番（注：從以前的靈查得知，大川紫央總裁輔佐的前世之一即是北條政子）。商鞅好像看她很不順眼，大概是覺得她「躲在政黨的背後操控」吧！

※ 中江兆民（1847～1901年）　思想家、記者、政治家。土佐藩出身。隨岩倉使節團一起遠渡歐洲，於法國學習。做為盧梭的《社會契約論》的翻譯解說書籍，他出版了《民約譯解》。在幸福科學的靈查中發現，他轉世為台灣總統蔡英文。參照《緊急守護靈訪談　台灣新總統，蔡英文的未來戰略》（幸福科學出版發行）。

※ 後藤新平（1857～1929年）　醫師、官僚、政治家。在兒玉源太郎之下擔任台灣總督府民政長官，經過縝密的在地調查，制定了經濟計畫並建構了基礎設施。在關東大地震之後隨即組成的內閣中，他做為內務大臣兼帝都復興院總裁，參與了制定震災復興的計畫。

※ 兒玉源太郎（1852～1906年）　日本軍人、政治家。擔任第四代台灣總督，與後藤新平共同確立了台灣的統治體制。在日俄戰爭中擔任滿洲軍總參謀長，在圍攻旅順戰中取得戰績，為勝利做出了貢獻。

綾織　那麼，您就是在台灣靈界跟這些人們，互相議論著「台灣的未來」，對吧。

釋　也就是說，您在那個光譜當中……。

蔣介石　我相信是這樣，應該沒錯。

在日本的轉生①——江戶時代

釋　關於您的前世，您是否能想起您曾經轉生為誰？

蔣介石　嗯……。我不知道我是否有著什麼特別的前世，這次的轉生也沒成就些什麼大事。我總是沒成就什麼大事，有點遺憾啊！

綾織　我感覺到您跟日本的靈界有著很深的緣分啊！

蔣介石　那的確是，沒錯。

綾　織　您過去轉生於日本的經驗，是在我們可知的範圍內嗎？

蔣介石　嗯……。轉生在日本啊，嗯……。

（約沉默五秒鐘）

我好像曾轉生在鹿兒島過。

綾　織　就時代上來說，那是很久以前的事嗎？

蔣介石　嗯……，我感覺……那好像是瞞著幕府，背地進行琉球貿易的時代。

綾　織　就是江戶時代，對吧。

蔣介石　好像就是在那個時代。

釋　您是指您在薩摩藩嗎？

蔣介石　嗯，不過那觀感好像不太好，瞞著幕府進行琉球貿易這件事。

綾織　但是，正因如此，薩摩藩才得以讓財政重建，變得強大。

蔣介石　的確是變得強大，嗯。

在日本的轉生②——鎌倉時代

蔣介石　如果再往前一點追溯，我好像和源平時代……。應該是跟鎌倉時代也有點關係。

綾織　是鎌倉時代啊？

蔣介石　我感覺跟鎌倉時代也有關係啊。嗯……。不是「源」，可能跟妳（釋量子）也存在著某種關係……（注：在過去的靈查發現，提問者釋量子的前世之一是源賴朝）。源……，

（對釋量子說）我看到妳長鬍子的樣子。哎呀，不行、不行。

釋．及川（笑）

蔣介石 啊，不行不行。好像有些「搞混」了。這可不行、不行。妳是女性吧？沒道理那樣。嗯……。感覺在北條義時※的時候……？

綾織 是北條義時嗎？

蔣介石 應該是北條義時吧？北條義時、北條義時……。如果是北條義時的話，那就是北條

※ 北條義時（1163～1224年） 鎌倉幕府第二代執權（1205～1224年在職）。北條時政的兒子，姐姐為北條政子。跟隨源賴朝舉兵，為成立鎌倉幕府做出貢獻。與姐姐政子合力鎮壓了1221年爆發的承久之亂，確立了幕府的優勢。（上圖）北條義時夫妻之墓（北條寺，位於靜岡縣伊豆的國市）。

政子的時代。

綾　織　是。

蔣介石　北條政子被人稱為尼姑將軍，源氏幕府覆滅時，北條家為保護武家社會挺身而戰，我指的就是北條義時。

綾　織　北條義時的確是執權。

蔣介石　這麼說來，那就是後鳥羽上皇※所發動的革命（承久之亂）。

綾　織　是的，沒錯。

蔣介石　後鳥羽上皇如果還在你們（幸福科學）當中的話，或許他可能就不肯再反中國了。嗯……，雖然我也不是很清楚……。

綾　織　原來如此。也就是說，您曾經身處於「武士的源流」？

蔣介石　總而言之，由於他們創建了武家政治，所以元寇……。鎌倉也是三代就告終，源氏幕府就那樣終結了。之後的北條時代、執權時代，戰勝了第二次元寇來襲。

我想我當時曾經轉生在北條義時的身邊，也就是說，我曾轉生在對抗中國侵略的陣營當中。

綾織　嗯，原來如此。

蔣介石　成為薩英戰爭※導火線的琉球貿易，讓薩摩富裕起來，北條義時讓薩摩變成軍事大國，他防堵了來自日本殖民地的侵略……，喔不，是防堵了歐洲對薩摩的殖民地化政策。

※ 後鳥羽上皇（天皇）（1180～1239年）　第八十二代天皇（在位1183～1198年）。高倉天皇的第四皇子。1221年，為了恢復皇室權力，發動承久之亂。爾後失敗，被流放至隱歧。

※ 薩英戰爭　1863年薩摩藩與英國東洋艦隊之間的戰爭。面對當時的英國，薩摩藩拚死抗爭，因雙方損失慘重，於同年11月談和。這場戰役成為了加深薩英雙關係的契機。

我想我曾經和他一起讓薩摩強盛起來。從這層意義上來說，我的兩次轉世，都算是站在鞏固日本國防的那一方。

在與日本關係良好的隋朝時代的轉生

綾織　您曾經有轉生過中國嗎？

蔣介石　再往前追溯的話，狀況就變得有點複雜了。

綾織　哦，原來如此。

蔣介石　再往前追溯的話，中國有很多民族……。那些傢伙說什麼統一王朝還是什麼的，但過去中國可真是經常出現異族。

綾　織　是的，沒錯。差不多有一半的時期都是這樣。

蔣介石　所以說，來自外國的占領，可不是只有日本啊！中國老是說著「第一次占領中國的是日本」，但實際上並非如此。清朝時期，他們曾被滿族這個異族占領，除此之外，還有「金」之類的民族。

綾　織　是，還有「元」也是。

蔣介石　中國被他族占領的時代實在是太多了，實際處於漢族統治下的時間，只有斷斷續續而已，所以不能完全聽信他們的話。

嗯……，從鮮卑族開始，進入中國建立朝代的是……，嗯……。

綾　織　據說「唐」也是鮮卑系的。

蔣介石　隋……，隋、隋，是「隋」。

綾　織　隋啊？

蔣介石　嗯，隋、唐都是鮮卑族。

隋朝是鮮卑族創立，那也不是漢族。鮮卑族入主，建立隋朝。或許是因為有一個惡劣的傢伙導致民怨四起，隋朝的時代很短。

綾織　您是指隋煬帝※嗎？

蔣介石　這話不能說得太明顯，但那的確是天台大師出現的時代。

從隋到唐的那段歷史，我認為那是一個神的巨大計畫。

而且，當時中國跟日本的關係也不錯。日本曾經派出過遣隋使、遣唐使。

綾織　當時還傳播過佛教。

蔣介石　對、對、對。中國與日本的關係在當時十分友好。

鮮卑族是異族，他們拿下了中國。與其說是「拿下」，應該是說

「統一」了中國。我在那時也曾轉生過。隋朝實在是很短啊！

綾織　還有隋文帝※這位皇帝，對吧。

蔣介石　這個嘛（笑），怎麼說呢？反正當時就是那些人嘛。

綾織　好的，明白了。

有信仰心，與佛教有緣分

蔣介石　若是再往前追溯……，追溯到更久遠的話，感覺曾經轉生在亞洲的其他國家。

※ 隋煬帝（596～618年）　中國隋朝第二代皇帝（在位604～618年）。第一代文帝的次子。據稱，他使兄長失勢下台，並殺害父親後即位。他動員大量民力修建運河，三度強行遠征高麗而引發人民不滿，最終招致叛亂爆發，被臣子宇文化及等人殺害。

※ 隋文帝（541～604年）　中國隋朝第一代皇帝（在位581～604年）。因北周靜帝的禪讓成為皇帝。589年滅陳，統一了國家。

綾織　哦。

蔣介石　再往更久之前的話，嗯……，好像是泰國還是什麼地方，我感覺自己曾經做過那一帶的國王。

綾織　原來如此。也就是說，您曾在亞洲各個地方轉生過。

蔣介石　我和亞洲的緣分的確很強。

我得和基督教建立起關係才行，這可就難辦了，基督教（笑）、基督教……，哪裡有基督教啊？

綾織　也就是說，您秉持著正義的觀點，曾經站在維護各種信仰的立場上。

蔣介石　雖然不是那麼深厚，但我還是有信仰心的。在現今的亞洲圈中，我跟佛教的淵源還算比較深。

綾織　原來如此。

蔣介石　在政治的經營上是另當別論，但我有著和佛教的緣分。

綾　織　這麼說來，您是我們的夥伴，是站在正義一方的人……。

蔣介石　正義……，正義的一方……，正義的……。

綾　織　的確，政治的領導者必須對執政結果負起責任，對此外界有著各種意見。

蔣介石　看到現今台灣與中國的關係，毛澤東變成中國的建國之父，把中國的勢力搞得那麼大，人們似乎把他看做是「中國的喬治華盛頓」，這真是讓我感到悔恨。

綾　織　方才您說過，您在靈界是和曾統治過台灣的後藤新平先生、兒玉源太郎先生等人是一起的，對吧？

蔣介石　啊，算是能互相講話的關係。

綾織　能夠互相講話。

蔣介石　嗯、嗯。

綾織　您也能和孫文先生講話。

蔣介石　嗯，我也能和他講話。

綾織　原來如此。

蔣介石　所以，我在心境上「有一半是日本人」啊！

10 中國包圍網的戰略、戰術

應該將中國的「鎮壓人權」和「畸形經濟」昭告天下

蔣介石　總而言之，對於中國的「異常發展」，人們已經看得眼花繚亂，不明所以，所以各位必須將他們「對人權是何等殘酷鎮壓」、「畸形的經濟數據」，全都公開給外界知道……，媒體都無法報導啊！

綾　織　是。

蔣介石　如果能將那些消息進一步公開的話，人們就會知道「什麼？竟然發生了這種事！」

中國竟然存在著「器官買賣」，人權狀況是一塌糊塗，只要能變成錢，甚至殺人都在所不惜。其他民族都被用在器官買賣上，這實在是令人髮指。

如果是在過去，基督教國家實施占領，殲滅瑪雅、阿茲特克同樣的理由，這些實際上是錯誤的。

此外，就是要判斷「中國的泡沫經濟」到何種程度了。

綾織　是。

中國有一個秘密計畫「綁架電子貨幣」

蔣介石　日本現在不斷被抨擊「統計詐欺」※的問題（笑），但中國的統計詐欺卻已經超越詐欺的程度。

綾　織　是啊！他們是當真在那麼做（笑）。

蔣介石　不過，那是一個由國家意志決定的數字，並不能算是「詐欺」。因為是國家意志，所以不是詐欺。但那跟歐美的標準是否一致，就另當別論了。

我想中國的經濟出現了某種意義的「泡沫破

※ 統計詐欺　為了掌握雇用、薪酬、勞動時間的情況，日本的厚生勞動省實施了「每月勞動統計調查」。本應對五百人以上的所有事務所實施調查，但2004年之後的東京都卻以抽查形式進行，使舞弊行為曝光。因統計值出現偏差，導致出現雇用保險過少支付等問題，引發軒然大波。

裂」，但他們現在正拚命讓「泡沫破裂」看起來不像是「破裂」。

此外，除了戰爭以外的方式，中國還打算要「綁架電子貨幣」，這算是「國際規模、國家規模強盜集團」嗎？我看到他們正打算要進行這秘密任務。

綾織　原來如此。

蔣介石　「將外國的資金用電子貨幣的形式取走」，中國確實有著如此秘密計畫。

你們也是若一個不小心，電子貨幣雖然方便……，拿著印著「福澤諭吉」的一萬元日幣還不會被偷走，但如果是電子貨幣，就有可能不知道是什麼時候不見了。最好小心為妙，對此他們正進行大規模的研究。

及　川　虛擬貨幣之類的，也是屬於這範圍嗎？

蔣介石　這細節我不是很清楚，但他們的確正投入大量的研究。不僅是日本，歐洲、美國，他們的資金也會被偷偷地摸走。

釋　那不是透過華為科技來竊取資訊，而是真正的強盜行為……。

蔣介石　那正是「強盜集團」！

釋　（笑）。

蔣介石　「阿里巴巴和四十大盜」的世界，就是中國的真實樣貌。但大家卻看不到那般樣貌，因為那是國家級的行動，很可怕啊！

釋　在這層意義上，今天的靈言內容，對於思考「台灣」、「日本」以及「亞洲的和平」上，有著非常重大的意義。我感覺到台灣和日本必須要再更加深關係才行。

蔣介石　謝謝。如果日本真的能保護台灣的話，就真的謝謝。

絕不能輸給「惡魔傾全力打造的國家」

釋　幸福實現黨的台灣政策比任何政黨都「犀利」。可能的話，我們還想訴求讓台灣重返聯合國……。

蔣介石　我說啊，在你們成為日本第一大黨之前，這個議題你們還可以說得出來。

釋　不……（苦笑）。

蔣介石　成為「自民黨」之後，那種話可就不能再說了。因為會有「和中國的貿易額有可能會減少」的等等顧慮，但如果還是在野黨的話，要怎麼說就沒什麼大礙。犀利一點並無不可。

釋　謝謝您。

綾織　我認為某種程度上我們是可以繼續說的。去年我們收錄了「毛澤東的靈言」，將中國的「惡之根源」昭告天下。

蔣介石　他應該被早點暗殺的啊！

綾織　原來如此。

蔣介石　所以說，建立中華人民共和國之後，他就應該遭到暗殺了啊！但是，因為他活得那麼久，中國因此吃足了苦頭，染上「邪惡思想」、「惡魔思想」。之後的鄧小平，在經濟上他又帶來像是巴力信仰般的思想。

所以說，那是一個惡魔傾盡全力，打造出來的國家啊！你們可不能敗給這個國家啊！

綾織　是。

「『八紘一宇的思想』並不是壞的思想」

綾織　在先前，我們提到了樹立正義、信仰的話題。為了不輸給中國，我們日本和台灣應該要如何思考、對抗呢？能否請您給我們一些建議？

蔣介石　嗯……，台灣曾經有一段時間是日本的殖民地，現今在台灣還是有政治家對此表達感謝。

澳洲、加拿大等國，過去不就是大英帝國的殖民地嗎？當時的女王是維多利亞，現在英國不是也還有著女王嗎？

如果日本的天皇陛下會繼續存在的話，就應該將過去曾為日本而戰的國家，再一次納入日本的繁榮之下。

這種大東亞共榮圈之中的「八紘一宇的思想」，雖然遭受譴責，但那並非是什麼壞的思想啊！

當時日本是真的想要創建共榮圈……，真的是想要創建一個「亞洲版歐盟」。日本成為盟主，讓每個殖民地的國家實現獨立，創建一個大交流圈。

如此想法本身並沒有錯，可惜的是日本的力量不夠，所以「美國的時代」來臨了。美國現今正跟中國熱戰，不知道最後的結果會變得如何。

總之，借助印度的力量也好，借助俄羅斯的力量也罷，關鍵是日本自己本身必須得更加強大，否則將無法發揮領導力。希望今後你們能把從日本構築的思想，盡可能地發揚出去。

在有如強盜國家的面前，「扔掉武器」的思想是否正確

蔣介石　在美國爆發「雷曼兄弟危機」之後，有人就得意地說著「『果然被馬克思的預言說中了』、『資本主義將陷入恐慌』的說法果然沒錯」。並且，那種說法還支配著人們的想法。

那些人認為，社會主義才會讓效率極度提高，無所不能。

我想在安倍首相眼裡，他也是那麼認為吧！「如果日本能像中國那

麼做的話，沖繩的問題根本是小菜一碟」，估計他就是這樣想的。

社會主義國家絕不容許像沖繩的那種現象存在，對於人民的遊行示威，絕對會將其一掃而光。

綾　織　是。

蔣介石　民主主義的確有其困難之處，也正因如此，你們才會困擾於遲遲無法當選。

但最後只能相信，「最終正確之人一定會獲得大多數人的認同」。

綾　織　是。

蔣介石　有人將軍事相關的事物都稱之為「惡」。因為廣島和長崎遭受到原子彈轟炸，所以就有人認為「軍事思想就是邪惡」，進而宣揚「扔掉武器吧！就從日本開始扔掉武器吧」的想法。

不過，宣揚那種一國和平主義、一國正義思想的同時，可不能忘記還有其他國家的存在，其中有些國家還是像小偷、強盜一樣啊！

既然是這樣，在思考「世界的正義為何」、「神心為何」的時候，就必須知道「軍事有時也是為了正義而存在」，如果沒有軍事則無法作戰。

軍事有時是一種正義，雖然也可能會有錯誤發生的時候，但須知「軍事也是彰顯正義的手段之一」。

日本得再努力一點才行啊！得推一下安倍，讓他更努力一點啊！

現在不是有多餘的金錢嗎？得把錢花在對的地方啊！

雖然日本得再發展經濟，但於此同時，必要的事物也得打造才行。

此外，對於友好國家的長期投資，擴大相互之間的經濟交流，讓他們更為發展，增加與日本的貿易額度。如果讓他們過於依賴中國的話，到時他們被中國牽著走，就有可能對日本經濟造成打擊。此外，日本在「航空技術」、「太空技術」上的落後，實在是太丟臉了。既然是發明零式戰鬥機的國家，在這些方面還是得取得進一步的發展吧！

推動承認台灣為國家的運動

蔣介石　中國的問題，如果媒體可以進到中國，把真相全都公諸於世的話，中國將被大幅度瓦解。我想總有一天會變成那樣。

中國人用智慧手機拍下的資訊，無法傳播給全世界，因為一旦那麼做了，此人將遭到逮捕，再也走不出監獄。

這真的是一種「恐怖政治」啊！這種狀態真的不可讓它持續太久，你們必須不斷地散佈與中國相反的想法。

你們的書、電影、講演會的內容，正一點一滴地從各個地方進到中國國內。雖然是在地下，但還是被人們傳播著。

現今的基督教、梵蒂岡，沒有什麼力量。雖然未必一定如此，但我感覺到梵蒂岡也不無可能把台灣給放棄掉。畢竟中國大陸當中的基督徒遭到了鎮壓，他們也有可能會萌發「拋棄台灣」的想法，因為台灣無法讓他們依靠。

你們的宗教，我希望能再壯大一點，希望能擁有更大的力量。

我想大川總裁也曾經說過這樣的話，但弟子們卻只是緩慢地往前行，影響力得再更擴大才可以。

「惡魔的成長力道強勁」，這不是一件好事。這意味著，惡魔的「惡性病毒」會擴散開來，就像是霍亂、愛滋病那樣地流行擴散，但是正確的思想不是也得讓其流行擴散起來才行嗎？

綾織 謝謝您。

據說今年（二〇一九年）是促使中國的擴張主義路線發生變化的一年，我們希望從政黨和宗教雙管齊下，共同努力。

蔣介石 你們的言論力啊……。

子彈的數量倒是很可觀。子彈的數量龐大，這點我認同，但都像是「輕型武器」一般的攻擊啊（笑）。

終究還是希望能夠有像戰艦大和一樣的「遠程大砲」，可以給對方重擊。

釋　我們希望發起承認台灣為國家的運動。

蔣介石　那不是很好嗎？這樣也可以突顯黨的特色。

釋　謝謝。

蔣介石　能夠真正維護「自由」和「民主主義」的是幸福實現黨，自民黨總是態度曖昧、搖擺不定。

我真的想把中國的實情讓世界知道啊！沒能讓台灣壯大，這實在是讓我很懊悔。

綾織　在言論方面，我們會努力不懈的，今天謝謝您。

透過言論、活動和國際包圍網，將世界導引向光明

蔣介石 嗯，大概就是這樣。在過去的靈言中，我從未出現過，實在對不起。

綾　織 哪裡哪裡，沒有那回事。

蔣介石 唉，光明天使怎麼會這麼弱啊！實在是太遺憾了。

綾　織 今後還務必繼續對我們指導，那會讓我們強大起來。

蔣介石 嗯。（對釋量子說）妳也去試著占領去北京吧，如何？

釋 （笑）。

蔣介石 可以嗎？站在坦克車上，在北京街頭進行街頭演講，然後被人暗殺……。

釋 我的頭腦很單純，對於是否要採用您的說法，我們後續會商討一下。

蔣介石 啊哈哈哈哈哈（笑）。

總之，還是需要再往前推進才行，希望有更大的力量啊！思考方式必須要改變才行。

如果不出現更多不惜身命的人是不行的。嗯，怎麼說呢？大家都把重點放在「做為一種職業，只是在做例行公事」的樣子，這實在是讓人感到無可奈何。

釋　今天我們學習到了，必須重新找回孫文先生的革命精神。

蔣介石　嗯，沒錯。

你們啊！老是用「零戰特攻隊」的作法，總是落得被擊落的下場，這樣做沒有意義啊！畢竟「革命」就是「革命」，如果不使其顛覆過來，就無法形成革命。雖然難免會有所犧牲，但還是必須要取得成就才行啊！

我們「台灣族」能夠存活下去的方法，現今或許就只能靠你們了。

但願你們透過「言論」、「世間的活動」，或者是「國際包圍網」，將這個世界引導向良善的方向。現今被認為是「邪惡」的國家，其真實的樣貌，終將會原形畢露。在露出原形之前是很強的，惡魔是很強大的，不過他們總有一天會露出馬腳，真相終將大白。如果全世界的人們都看到那個真相的話，我想梅克爾就不會再支持中國了。

綾　織　是。我們會將這番言論以及「毛澤東的靈言」（收錄於《霸主的心聲》（幸福科學出版發行）），廣布於全世界。

蔣介石　怎麼可以輸給毛澤東！我要雪恥。

綾　織　我們一同努力吧。

蔣介石　嗯。

綾織　謝謝您。

蔣介石　好。

11 邁向創黨十週年的幸福實現黨，並非為一己私欲

逐步改變國是、國論、媒體的幸福實現黨

大川隆法　（拍手兩次）他口才很好。話很是會說，但或許是一個半途而廢的人。

綾　織　嗯。

大川隆法　口才真的不錯，應該多少會有一些影響力。至今幸福實現黨做的，只能像「蜜蜂刺對方」一樣，實在是很遺

憾。但即便如此，安倍首相正在做的事情，就好像是幸福實現黨在國政選舉中當選後會做的事。而且，如果幸福科學不傳遞資訊的話，我想日本的媒體會將川普總統更是報導成狂人一樣，現在他們可真是稍微醒過來了。川普可不是狂人，本會是這樣告訴世人的。

此外，安倍首相多少有一些被看作是軍國主義的舉措，但那也是本會講了強硬的意見，他才在心中認為「那是神的想法啊！」

因此，我們正一點一點地改變日本的國是、國論。就威力來說，或許雖然像是子彈一樣，但至今我已發射了「兩千五百本」的書籍，今年應該也會講述超過第三千次的講演。

我想弟子們得要更加努力，我們得要具備比共產主義還要強大的廣布力量才行。

綾 織　是的。

大川隆法　嗯，李登輝先生到九十六歲都還持續努力，所以再努力一個世代的話，或許幸福科學就能夠更為壯大。

我們不知道將來會變得如何，明治維新也是在安政大獄八年之後才發生。不知道轉捩點何時到來，所以永不放棄、持續推進非常重要的。增加夥伴的數量，讓那些還在觀望的人變成夥伴也非常重要，將信念貫徹到底，亦同樣重要。

幸福實現黨在今年是創黨十週年，雖然這十年我們在國政選舉中屢敗屢戰，但我想人們應該已認識到，我們不是為了一己之私、一己之利而活動。

綾　織　是的。

大川隆法　如同在明治維新中許多被斬殺的人們，後來終於被平反一樣，我們必須要再更加努力突破才行。

釋　　　謝謝您。

若是明白了真意，一定會有人支持我們

大川隆法　若是人們能真正理解我們的想法，一定會有人支持我們。

綾　織　是的，現今就正慢慢地增加當中。

大川隆法　只不過，有些人認為我們是「新宗教」、「宗教應該跟政治分離」，進而與我們保持距離。但如果明白了我們的真意，就一定會出現支持的人。

我們必須要努力地進行啟蒙運動才行。

總之，繼續加油吧！

釋 是。

大川隆法 如果神社神道全都站到我們這邊，就可能會形成數千萬人的應援團啊！或許是有那種可能性的，一起努力吧！

綾織 是，我們會努力的。

大川隆法 好的。

提問者一起 謝謝您。

後記

孫文與蔣介石當年力有未逮，實在遺憾。但是，無論做何種政治性分析，都無法否認現今中國，是符合「秘密警察」、「強制收容所」、「肅清」三個條件的「極權主義國家」的事實。並且，中國是一個夢想要成為侵略他國的霸權主義國家，亦是毋庸置疑的事實。

日本不可僅單純地基於經濟利益來規劃未來，日本必須有著要成為亞洲領導者的氣概及自豪。

危機不只存在於朝鮮半島，危機也同樣朝著台灣迫近。日本絕不可變成一個數次拋棄這些曾做為日軍而戰的人們的國家。

二〇一九年二月十六日

幸福科學集團創始人兼總裁　大川隆法

國家圖書館出版品預行編目（CIP）資料

「中華民國」首屆總統蔣介石的靈言：守護日本與亞洲和平的國家戰略／大川隆法作；幸福科學經典翻譯小組翻譯. -- 初版. -- 臺北市：台灣幸福科學出版，2019.11
192面；14.8×21公分
ISBN 978-986-98444-0-6（平裝）

1. 國際政治　2. 國際關係

578.193　　108018259

「中華民國」首屆總統蔣介石的靈言

—守護日本與亞洲和平的國家戰略—

作　　者／大川隆法
翻　　譯／幸福科學經典翻譯小組
主　　編／古心如
副 主 編／簡孟羽
封面設計／張天薪
內文設計／黛安娜

出版發行／台灣幸福科學出版有限公司
104-61 台北市中山區中山北路三段 49 號 7 樓之 4
電話／ 02-2586-3390
傳真／ 02-2595-4250
信箱／ info@irhpress.tw

幸福科學華語圈各國聯絡處／
台　　灣　taiwan@happy-science.org
地址：台北市松山區敦化北路 155 巷 89 號（台灣代表處）
電話：02-2719-9377
網頁：http://www.happysciencetw.org/zh-han

香　　港　hongkong@happy-science.org
新 加 坡　singapore@happy-science.org
馬來西亞　malaysia@happy-science.org

書　號／978-986-98444-0-6
初　版／2019 年 11 月
定　價／350 元

Originally published in Japan as
Chuka Minkoku Shodai Soutou Chiang Kai-shek no Reigen
–Nippon to Asia no Heiwa wo Mamoru Kokka Senryaku–
by IRH Press Co., Ltd. in 2019

封面：John Dominis/The LIFE Picture Collection/gettyimages
內頁 P.151：gokurakutonbo/PIXTA

廣	告	回	信
台北郵局登記證			
台北廣字第5433號			
平			信

IRH Press Taiwan Co., Ltd.
台灣幸福科學出版有限公司

104-61 台北市中山區中山北路三段49號7樓之4
台灣幸福科學出版　編輯部　收

請沿此線撕下對折後寄回或傳真，謝謝您寶貴的意見！

「中華民國」首屆總統
蔣介石的靈言
守護日本與亞洲和平的國家戰略

Ryuho Okawa
大川隆法

台灣幸福科學出版有限公司

「中華民國」首屆總統蔣介石的靈言
讀者專用回函

非常感謝您購買《「中華民國」首屆總統 蔣介石的靈言》一書，
敬請回答下列問題，我們將不定期舉辦抽獎，
中獎者將致贈本公司出版的書籍刊物等禮物！

讀者個人資料　※本個資僅供公司內部讀者資料建檔使用，敬請放心。

1. 姓名：　性別：□男　□女
2. 出生年月日：西元　年　月　日
3. 聯絡電話：
4. 電子信箱：
5. 通訊地址：□□□-□□
6. 學歷：□國小 □國中 □高中／職 □五專 □二／四技 □大學 □研究所 □其他
7. 職業：□學生 □軍 □公 □教 □工 □商 □自由業□資訊 □服務 □傳播 □出版 □金融 □其他
8. 您所購書的地點及店名：
9. 是否願意收到新書資訊：□願意　□不願意

購書資訊：

1. 您從何處得知本書的訊息：（可複選）□網路書店　□逛書局時看到新書　□雜誌介紹　□廣告宣傳　□親友推薦　□幸福科學的其他出版品　□其他
2. 購買本書的原因：（可複選）□喜歡本書的主題　□喜歡封面及簡介　□廣告宣傳　□親友推薦　□是作者的忠實讀者　□其他
3. 本書售價：□很貴　□合理　□便宜　□其他
4. 本書內容：□豐富　□普通　□還需加強　□其他
5. 對本書的建議及觀後感
6. 您對本公司的期望、建議…等等，都請寫下來。

IRH Press Taiwan Co., Ltd.
台灣幸福科學出版有限公司